KBS 최재현 기자가 생생하게 되살려낸 취재비화

취재파일 1994

글 최재현

"대한민국이
초대형 사건사고로 얼룩졌던
1994년의 아픔과 경험을 되새기며
사회적 혼란을 극복하고
한 단계 더 도약하게 되길 기원합니다"

– 최재현

프롤로그

드라마 '응답하라 1994'가 큰 인기를 끈 적이 있다. 드라마 속 시대를 실제로 살았던 사람들에게는 향수를 일으켰고, 그 시대를 경험한 적 없는 Z세대에게는 과거에 대한 낭만을 심어주며, 공전의 히트를 쳤다. 이 드라마가 딱 그 한 해만을 다룬 것은 아니었지만, 1994년은 대한민국 근·현대사에서 전무후무할 정도로 드라마틱한 한해였다.

전쟁 일보 직전까지 갔던 북핵 위기가 지미 카터 전 미국 대통령의 전격적인 평양 방문과 김일성 주석 면담으로 일거에 해소됐고, 카터가 평양에서 들고 내려온 남북정상회담이라는 역사적인 선물 보따리는 회담을 불과 보름여 남기고 김일성의 갑작스러운 사망으로 무산되는 허망한 일도 벌어졌다. 돈이 있어 보이는 사람들을 닥치는 대로 납치해 살해하고 인육까지 먹은 지존파 사건이 한국 사회를 충격에 빠뜨렸고, 부모를 살해하고 화재 사고로 위장한 오렌지족 박한상 사건, 아현동 가스폭발사고, 성수대교 붕괴사고 등 끔찍한 사건사고가 줄을 이었다.

1994년은 세계사적으로도 상당히 의미심장한 시기였다. 미국과 소련을 중심으로 자유진영과 공산진영이 대립했던 냉전(Cold War)이 1991년 소련의 붕괴로 막을 내린 이후 세계 질서가 미국이라는 유일한 초강대국 중심으로 재편되고 있던 과도기적 상황이었다. 한반도는 소련을 위시한 공산진영의 붕괴로 안보와 경제 위기에 몰린 북한 정권의 방황과 벼랑 끝 핵 개발 모험으로 냉 · 온탕을 오가는 안보 불안정 속으로 빠져들고 있었다.

대한민국 내부는 30여 년간 이어졌던 군인 대통령 시대가 끝나고, 순수 민간인 출신인 김영삼 대통령의 문민정부 시대가 열리면서 과거 청산과 개혁, 민주화와 개방의 열풍 속에 국민들 사이에 군부 실세와 이른바 TK(대구경북지역)세력을 중심으로 한 구 기득권층에 대한 비판 의식이 폭넓게 퍼져 있었다. 아울러 1987년 6.29 선언과 대통령 직선제 개헌으로 민주화를 이뤘고, 급속한 경제성장을 바탕으로 88서울올림픽을 성공적으로 개최한 뒤였던 만큼, 사회전반에 풍요와 자신감이 넘쳤다. 대통령과 국민들은 선진국 진입이 눈앞에 다가왔다고 느끼고 있었다.

하지만, 급속 성장의 부작용도 나타나고 있었다. 부실공사로 인한 건물과 교량 붕괴사고 등 대형사고가 잇따랐고, 갈수록 심해지는 빈부 격차 속에 소외 계층의 부유층과 기득권세력에 대한 불만과 적대감이 커져가고 있었다. 이런 사회 갈등과 불안 속에 엽기적인 강력 범죄도 속출했다.

국민들의 의식 수준과 도덕적 요구는 선진국 수준으로 높아졌지만, 사회 시스템은 그런 변화를 제대로 뒷받침하지 못하고 있었고, 관행적 부정부패가 여전히 존재하고 있었다. 민주화 이후 한결 자유로운 취재환경을 갖게 된 언론들은 과거 같으면 잘 드러나지 않았을 사회의 부조리와 모순들을 부지런히 캐내 고발했고, 이를 본 국민들은 한편으론 희열을 느꼈고, 한편으론 분노했다.

문민정부는 처음에는 하나회 청산과 금융실명제 도입 등 개혁적 조치들을 취하고, 군부 등 기득권세력 청산에 공을 들이면서 언론의 비판적 보도에 국민과 함께 환호했다. 하지만 언론의 무차별적인 고발성 보도로 사회 불안이 커지고, 국민들의 정부에 대한 불신이 자라나기 시작하자 점차 언론을 경계하게 되었다.

1994년은 필자가 방송기자로 KBS에 입사해 1년 간 뉴스편집부에서 근무한 뒤 사회부 기자로 발령 받아 취재와 방송 일선에서 본격적으로 활약을 시작한 해였다. 너무 큰 사건사고들이 많이 발생해 눈코 뜰 새 없이 바쁘고 피곤했지만, 그런 대형 뉴스들을 생생한 현장에서 취재할 수 있었다는 건 기자로서 큰 행운이었다. 당시 다양한 취재 현장에서 겪었던 경험들은 이후 중견 방송기자로 성장해 나가는 데 밑거름이 됐다.

1994년, KBS 9시 뉴스는 이른바 [1]'땡전뉴스'의 오명에서 벗어나 MBC 뉴스데스크를 누르고 방송사 메인뉴스 시청률 1위에 올라 대한민국을 대표하는 저녁 종합뉴스로 자리 잡게 되었다. KBS 뉴스의 눈부신 도약은 당시 KBS 보도본부 지도부의 리더십과 사회부

---

1) 전두환 대통령 시절 KBS 9시 뉴스의 첫 보도가 대부분 전두환 대통령 관련 소식이었다는 걸 비꼬아 만들어진 표현

젊은 기자들의 열정과 패기가 있었기에 가능할 수 있었다.

드라마 '응답하라 1994'를 통해 중장년 시청자들은 그 시절의 단상들을 일부 회상해 볼 수 있었을 것이다. 그러나 이 드라마는 당시 벌어졌던 어마어마한 사건사고들에 대해서는 단 한 건도 정면으로 다루지 않았다.

사회부 기자로서 치열한 사건사고의 현장에 있었던 필자는 당시 취재를 통해 알게 됐던 사실들을 바탕으로 1994년에 어떤 일들이 벌어졌고, 왜 그런 일들이 벌어지게 됐는지, 당시 사건들이 현재에 어떤 영향을 미쳤는지 등을 담담하게 이야기해 보고자 한다. 아울러 이런저런 이유로 세상에 알려지지 않았던 민감한 취재 뒷얘기도 당시 당사자들의 이름을 익명 처리하는 형식으로 담아내기로 했다.

본격적으로 이야기를 시작하기에 앞서 이 책에서 다뤄지는 모든 사안들은 필자 개인의 시각에서 다뤄지고 있기 때문에 일부 사안들의 경우, 다른 당사자들의 시각이나 생각이 필자와 다를 수 있다는 점을 미리 밝혀둔다.

추천의 글

흔히 1994년 하면 인기 TV 드라마 '응답하라 1994'로만 기억하기 쉬운데, 〈취재파일 1994〉를 읽고서야 그 해가 대한민국의 성장과 민주화의 이면을 잘 보여주는 매우 의미 있는 해였음을 알게 되었다. 성수대교 붕괴 사고와 아현동 가스폭발 사고, 지존파 사건과 박한상 사건, 김일성 사망...이런 엄청난 일들이 모두 1994년에 일어났기 때문이다. 〈취재 파일 1994〉는 29개의 서로 다른 취재 파일로 구성되어 있다. 읽으면서 에피소드마다 저자의 기자로서의 남다른 열정과 노력의 흔적들을 발견할 수 있었다. 어떤 의미에서 보면 격동의 1994년에 사회부 기자로 활동했다는 건 방송기자로서 매우 행운일 수 있다. 하지만, 당시 사회부 기자 모두가 저자처럼 다수의 특종 보도를 할 수 있었던 건 아닐 것이다. 냉철한 사회의식과 발로 뛰는 현장 중심의 취재 없이는 가능하지 않기 때문이다. 이는 곧 기자의 본분은 현장에 있으며, 더 나은 사회에 대한 끊임없는 관심이 그 출발점임을 의미한다.

저자는 〈취재 파일 1994〉를 통해 경제성장과 민주화라는 두 마리 토끼를 잡으며, 선진국의 문턱에 서 있던 1994년의 대한민국이 화려해진 외양과는 달리 여전히 후진국형 관행과 제도에 갇혀 있었고, 양자 간의 격차로 인해 엄청난 성장통을 겪어야 했다는 사실을 현장 취재기자의 시각과 경험으로 실감나게 보여주고 있다.

당시 우리 사회에는 후진국형 권력 부패가 만연해 있었고, 급속한 경제성장의 부작용으로 부실 시공된 시설물의 붕괴가 잇따랐다. 또 급격히 늘어난 빈부격차로 인한 계층 갈등과 사회 불안이 확산되고 있었고, 황금만능주의에 따른 도덕적 타락과 부유층에 대한 증오가 잔혹한 범죄를 양산하고 있었다. 이런 문제들을 근본적으로 해결하지 못한 대한민국은 불과 3년 뒤 IMF 구제금융을 받는 신세로 전락하게 됐고, 회복하기까지 엄청난 대가를 치러야만 했다.

거의 30년이 지난 2022년의 대한민국은 어떤가? 이제는 당당한 경제선진국, 문화 강국으로 세계에 이름을 떨치고 있지만, 사회 내 갈등이 어느 때보다 커져 있다. 상황이 이런데도 정치는 문제 해결 능력을 보여주지 못하고 있고, 각종 제도나 관행도 갈등을 치유하기보다 오히려 부추기는 측면이 강해 대한민국이 또 한 번 위기에 빠질 수 있다는 우려 또한 커지고 있다.

따라서 2022년을 사는 우리에게는 '1994년'에 대한 새로운 독해와 반추가 필요하다. 특히 1994년을 드라마 '응답하라 1994'로만 기억하는 사람들에게는 더욱 그렇다. 아울러, 이 책은 방송기자 생활의 첫 출발지라고 할 수 있는 사회부 경찰기자의 취재 활동이 어떻게 이뤄지는지, 기획취재는 어떻게 진행되는지 등을 많은 사진 자료들과 함께 생동감 있게 보여주고 있다. 방송기자를 꿈꾸는 학생들과 언론계에 첫발을 내딛은 초년 기자들에게 유익한 길라잡이가 될 것임을 믿어 의심치 않는다.

김동규 건국대학교 교수(前 한국언론학회장)

contents

취재파일 1994

〈제6장〉 설마 요즘도 이렇진 않겠죠?

〈제7장〉 나만의 취재 뒷얘기들

검찰
"내통장에 넣어요"

〈제1장〉

‘KBS 9시 뉴스’엔 없었던 취재 비화들

제1화

'세금횡령' 수사 검찰의 두 얼굴…
딱 걸린 검찰의 세금 도둑질

"재현아, 정말 큰 제보가 있다. 한번 들어볼래?"
1994년 10월 어느 날 서울 노량진의 명문(?) 재수학원의 같은 반에서 공부했던 절친 S가 모처럼 전화를 걸어왔다. 성실하고 차분한 친구인데, 이날은 목소리가 조금 상기돼 있었다. 직감적으로 뭔가 대단한 건이 걸려든 것 같다는 느낌을 받았다. 당시 KBS의 방송기자 2년차이자 사회부 사건기자로 특종에 목말라 있던 나는 조바심이 생겨 빨리 만나자고 S를 보챘다. 며칠 뒤 우리는 서울 여의도 인근의 커피숍에서 만났다.

"본론에 들어가기 전에 하나만 약속을 해줘. 보도를 하더라도 절대로 내 신분이 드러나선 안 돼."
조금은 걱정스러운 표정으로 S가 먼저 내게 다짐을 받았다.

"물론이지. 내가 널 다치게 하겠니?"
S는 당시 공무원이었기 때문에 내게 뉴스 제보를 한 뒤 취재나 보도 과정에서 혹여 자신의 신분이 드러나 불이익을 받게 되지는 않을까 몹시 걱정하고 있었다.
그래서인지 얼굴 표정도 평소의 밝고 온화한 모습과는 달리 조금 굳어 있었다. 그건 그의 제보가 그만큼 파괴력이 있을 것이라는 암시처럼 느껴지기도 했다. 다행히 S는 '내가 널 다치게 하겠느냐'는 내 말에 안심이 된 듯 천천히 말문을 열었다.

"재현아, 너 혹시 벌과금 예납제에 대해 들어본 적 있니?"

"아니"

"벌과금이 뭔지는 당연히 알겠고…"

문제의 발단은 [2] 심야영업 금지였다. 전두환 정권은 1981년 88서울올림픽 유치에 성공한 뒤 이듬해인 1982년부터 [3] 야간 통행금지 해제와 함께 유흥업소의 심야영업 제한을 철폐했다. 이때부터 밤새 술을 마시는 문화가 시작됐고, 룸살롱과 나이트클럽, 카바레, 스탠드바 등 심야 유흥업소들이 호황을 누렸다. 하지만 1986년 발생한 [4] '서진 룸살롱 집단 살인사건'의 배경이었던 유흥업소를 둘러싼 폭력조직들간 이권 다툼과 심야 폭력사건 증가 등이 심각한 사회문제로 대두됐다. 결국 전두환 정권 다음에 집권한 노태우 정부는 88서울올림픽이 끝난 뒤 1990년 '범죄와의 전쟁'을 선포하며, 유흥업소의 밤 12시 이후 심야영업을 전면 금지시켰다. 이렇게 도입된 심야영업 금지 조치는 서민들의 지지를 받았지만, 실제 현장에선 제대로 지켜지지 않았다. 국민들은 이미 밤새 자유롭게 술 먹는 데 익숙해져 있었고, 올림픽 이후 경제가 팽창하면서 사회 곳곳에 먹고 마시는 데 쓰일 돈이 넘쳐나고 있었기 때문이었다. 두둑한 회식비에 접대문화와 촌지, 뇌

---

2) 유흥업소의 밤 12시 이후 영업을 금지하는 조치로 1988년 서울올림픽 개최를 계기로 해제됐다가 1990년 1월 '범죄와의 전쟁' 선포와 함께 부활했다. 1998년 8월 이후 다시 해제됐다.

3) 밤 12시부터 다음날 새벽 4시까지 4시간 동안 허가 받지 않은 사람들의 통행을 금지하는 조치로 6.25 전쟁 이후 1982년까지 대한민국의 거의 전역에서 실시됐다.

4) 1986년 8월 14일 서울 강남구 역삼동의 대형 룸살롱인 서진회관에서 일어난 조직폭력배들간 충돌로 4명이 처참하게 살해된 사건.

벌과금예납고지

사건번호: 94년 형제 호

수 신: 귀하

귀하에 대한 피의사건에 대하여 법원에

벌금 만원의 재판을 구하고자 하여 동 벌과금

상당액을 원 일까지

당청 ■■로검사실에 납부하시기 바랍니다.

※ 위 벌금을 납부하실 때에는 본인 또는 대리인이 이 고지서

90년대 벌과금 예납고지서

물까지 다양한 형태의 돈과 유혹이 직장인들의 이른 귀가를 막았다. 수시로 회식이 이뤄졌고, 단체 회식이 없는 날엔 선배나 상사가 소규모 술자리를 제안했다. 일단 술자리가 시작되면, 2차, 3차로 이어져 술이 술을 부르는 상태가 됐다. 이런 과정들을 거치면서 이미 통제력을 상실한 술꾼들에게 술집 주인이 영업시간 끝났으니 나가달라고 강하게 요구하는 건 결코 쉬운 일이 아니었다.

근로시간이 길기로 유명했던 당시 한국의 기업문화 특성상 밤늦게까지 일하는 직장들이 많았던 점도 심야영업 위반과 밀접하게 연관돼 있었다. 대기업이나 증권사 직원, 언론사 직원 등 속칭 잘나가는 고소득 직장인들은 밤 10시쯤 사무실에서 나와 늦은 회식을 하거나 삼삼오오 소규모로 무리지어 술자리로 향했다. 회식처럼 강제적인

90년대 유흥가

술자리도 있었지만, 과중한 업무 스트레스를 풀기 위해 자발적으로 술을 찾는 사람들도 많았다.

이들이 술을 마셔 한창 분위기가 달아 있는 상태에서 밤 12시 이전에 술자리를 파하는 건 애당초 무리였다. 마시던 술이 남아 있는 손님들에게 주인이 나가달라고 강요하는 것도 현실적으로 어려웠다.

민주화로 느슨해진 사회 분위기 속에 돈벌이를 위해 문을 닫은 것처럼 셔터를 내려놓은 뒤 조명을 흐릿하게 켜놓고 버젓이 심야영업을 하는 술집들도 적지 않았다. 이런저런 이유로 편법 · 불법 심야영업을 하는 유흥업소들은 갈수록 많아졌고, 단속 건수도 덩달아 늘고 있었다. 아울러 단속하는 공무원들과 업소들과의 유착 등 부정부패도 만연해지고 있었다.

사라진 예납금

당시 S의 부모님은 수도권에서 노래방을 운영하고 있었다. 노래방 역시 영업 마감시간을 칼같이 지키기가 어려웠다. 노래방은 소음 때문에 몰래 영업이 불가능하다. 그래서 노래방 주인들은 가급적 밤 12시 이전에 영업을 끝내려고 노력했다. 하지만 분위기가 달아오른 취객들은 조금만 더 놀겠다며 주인들의 말을 잘 듣지 않았다. 이 때문에 밤 12시 언저리에 노래방에선 주인과 취객들의 실랑이가 자주 벌어졌다.

손님들의 요구를 칼같이 끊지 못하고, 12시를 넘겨 영업을 하다가 단속반에 걸리면 심야영업 금지 위반으로 벌과금이 부과되거나 영업정지 처분을 당했다.

S의 부모님이 운영하던 노래방도 단속에 걸려 벌과금이 부과됐다. 벌과금 부과 대상이 되면, 업주는 관할 검찰청에서 예상 벌과금을 통보받고 법원에서 확정되기 전에 검찰로 예상 벌과금을 납부하라는 예납 요구를 받는다. 이것이 벌과금 예납제이다.

그런데, 벌과금은 법원에서 확정되는 과정에서 검찰이 통보한 예납액보다 줄어드는 경우도 종종 있다. 검찰이 여유 있게 높여서 예납액을 정하기 때문이다. 법원에서 확정된 벌과금이 업주가 미리 검찰에 예납한 금액보다 낮으면 검찰은 당연히 차액을 업주에게 반환해야 한다. 그런데, 어찌된 일인지 이 돈이 반환되지 않는 경우가 있었다. S의 부모님도 이 경우에 해당했다. 상당한 차액이 발생했지만 검찰은 돈을 돌려주지 않았고, 연락조차 하지 않았다.

90년대 ○○지검청사

“이게 말이 되니? 차액이 몇십만 원인데 연락도 안하다니. ○○지방검찰청 관내에만 이런 식으로 벌과금을 부과받은 업소들이 수백개는 될텐데, 그렇다면, 그런 식으로 반환되지 않는 돈의 규모가 상당하지 않겠니?”
S의 말을 들으며, 아드레날린 분비량이 급격히 늘어나는 걸 느낄 수 있었다.

“아니 이런 나쁜 X들이 있나!”
정말 검찰이 고의적으로 그런 짓을 하고 있었다면, 보통 일이 아니었다. 게다가 문제가 된 검찰청은 당시 나라를 떠들썩하게 만들고 있었던 ○○지방검찰청이었다.
당시 해당 검찰청 관할 지방자치단체의 세무과 직원들이 세금을 깎아주고 수십억 원에서 수백억 원의 뒷돈을 받은 이른바 세금 횡령 사건이 터져 전국적으로 민심이 들끓고 있었다. 이 수사를 지휘하는 곳이 다름 아닌 ○○지검이었다. **그런데 세금횡령사건의 수사 주체인 ○○지검이 스스로도 세금이나 다를 바 없는 벌과금을 횡령하고 있었던 것으로 밝혀진다면 나라가 뒤집어질 만큼 큰 파장이 일어날 상황이었다.**
S와 헤어지고 난 뒤 예비취재에 착수했다. 우선 공부를 좀 할 필요가 있었다. 법조계의 관행을 잘 몰라 현직 판사로 있는 고교 선배에게 전화했다. 이 선배는 예납금 보다 벌과금이 낮게 결정되는 경우가 간혹 있다고 했다. 검찰 쪽 일이라 정확히는 모르지만, 남는 예납금을 회식비 등으로 사용한다는 말을 들은 것 같다고도 했다.

벌금 만원의 재판을 구하고자 하여 동 벌과금
상당액을 월 일까지
당청 호검사실에 납부하시기 바랍니다.
※ 위 벌금을 납부하실 때에는 본인 또는 대리인이 이 고지서
를 가지고 나오시고, 벌금을 납부할 수 없을 때에는 본인
이 직접 호실로 출석하시기 바랍니다.
※ 온라인입금이 가능한 바, 조흥은행, 510-04-227718로
입금하시기 바랍니다.
1994년 월 일

개인 계좌번호로 입금을 안내하는 벌과금 예납 고지서

취재 과정에서 또 한 가지 황당한 사실이 드러났다. ○○지검이 단속에 걸린 업주들에게 예납액 납부를 통보하면서 은행 지로 같은 공식적인 방식을 택하지 않고, 개인 통장으로 입금하도록 한 것이었다. 이 때문에 예납액을 납부해도 공식적인 영수증이 발급되지 않았다. 정말 있을 수 없는 일이었다.

본격적으로 취재에 들어가자 ○○지검은 조직적으로 반발하고 취재를 방해했다. 검찰청 내부 촬영 자체가 거의 허용되지 않았고, 공식 인터뷰도 거부했다. 해당 검사는 문제될 게 없다는 식으로 말했고, 행정실 관계자는 멀리 사는 사람들의 편의를 위해 온라인 입금을 받은 것이라며 방송을 할 만한 일이 아니라고 했다.

취재 중 ○○지검의 고위 검사가 잠시 보자고 했다. 방송카메라 없이 취재기자인 나 혼자만 들어와 달라고 했다. 그 고위 검사는 방송이 안 나갔으면 좋겠다는 취지의 말을 에둘러 했다. 난 원칙대로 할 뿐이라고 말하고 나왔다.

검찰청 취재는 쉽지 않았지만, 팩트는 명확했다. 검찰이 횡령을 한 것이었다. 정확한 규모는 확인하지 못했지만, 적지 않은 규모로 추정됐다. 규모는 중요한 게 아니었다. 단 한 건이라도 그런 일을 했다면 사실상 범죄가 아닌가. 게다가 세금 성격의 벌과금을 개인 통장으로 받았다는 사실도 충격적인 일이었다.

현실의 벽에 서다

나는 흐트러져 있는 나라의 기강에 분노하면서, 잘못된 관행을 바로 잡아야 한다는 사명감을 느꼈다. 마음 한 편에서는 원고를 잘 써서 9시 뉴스 앞머리에 나갈 수 있도록 해야 겠다는 의욕도 꿈틀거렸다.
하지만 그 사명감과 의욕은 오래 유지되지 않았다.
내가 존경하던 사회부장(지금은 돌아가시고 안 계시지만, 난 여전히 그분을 존경한다)이 조용히 날 불렀다. 미안하지만, 오늘 취재한 내용을 당장 9시 뉴스에 내보내기는 어려울 것 같다고 했다.
"우리 회사 고위 인사 중 상당수가 자네가 취재한 검찰청이 있는 지역 출신인데, 검찰이 그 지역 인맥을 동원해 강력하게 로비를 하고 있다"는 것이 부장 말의 요지였다.
늘 외압에 굴복해 고발성 취재 아이템을 빼려고 하는 부장이었다면 들이받고 싸웠을 것이다. 하지만 그분은 외압에 맞서며, 사회부 기자들의 고발성 아이템을 거의 99% 9시 뉴스에 내보내기 위해 고군분투해온 분이었기에 아쉬움이 컸지만, 내가 물러서기로 했다.
그 아이템은 그로부터 보름이 지나서야 9시 뉴스에 나갔다.
그 사이 검찰은 예납금 관련 업무를 투명하게 처리하도록 제도를 바꿨고, 이런 내용까지 반영돼 밋밋해진 내용의 기사로 방송됐다.
어떻게든 방송을 내보내기 위해 부장이 적절한 선에서 타협을 본 것으로 추정됐다.

사회적으로 파장이 큰 대형 특종을 다 잡았다가 놔 준 셈

이어서 억울하고 화가 났지만, 결과적으로 제도는 개선되었기에 수긍하기로 했다.

'개인적 영예보다는 사회가 올바른 방향으로 나아가는 것이 더 중요하지 않겠느냐'며 스스로를 달랬다.

94년 11월 9일 KBS 9시뉴스

제2화

파출소마다 강제 배당된 엉터리 온풍기

애물단지가 된 온풍기들

"최 기자! 지금 동네 파출소마다 난리가 났어. 취재 한번 해봐"

나와 다른 취재 때문에 인연을 맺었던 한 제보자가 다소 흥분된 어조로 전화를 걸어왔다.

제보 내용은 서울시내 파출소별로 에너지 절약형 온풍기가 두 대씩 배당돼, 파출소마다 없는 예산을 짜내 '울며 겨자 먹기'식으로 온풍기를 구입했는데, 온풍기가 제대로 작동되지 않아 모두 내다 버리고 있다는 게 요지였다.

황당한 내용이어서 선뜻 믿기지 않았지만, 만일 사실이라면 뜻밖의 특종을 할 수도 있겠다는 생각이 들어 일단 취재에 들어갔다.

회사에서 가까운 서울 여의도 파출소부터 가봤다. 파출소 안에 온풍기가 서 있었지만, 애물단지 취급을 받고 있었다. 온풍기에는 여기저기 검은색 그을음이 끼어 있었다. 파출소 직원들은 열흘전 쯤 새 온풍기를 받아서 작동을 시켜봤는데, 온기는 전혀 나오지 않고, 그을음만 낀다고 했다. 제조업체에 고장 접수를 하고 수리를 요청했는데, 아무 소식이 없다며 불평을 털어놓았다. 온풍기를 틀어 놓으면 석면 타는 냄새가 너무 심하게 나 직원들이 두통을 호소하고 있다면서 지금은 전혀 작동시키지 않고 있다고 말했다. 또 다른 파출소를 찾아갔더니 역시 사정이 비슷했다. 제보자의 말이 상당부분 사실로 드러난 것이다.

그을음이 낀 온풍기 두 대의 상태를 점검하는 필자

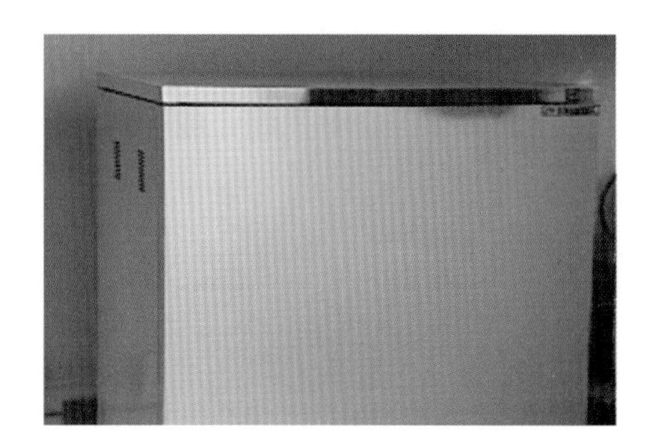

좀 더 취재해 보니 경찰이 본격적인 겨울철을 앞두고 서울 시내 모든 파출소에 절전형 온풍기를 2대씩 지급한 것으로 확인됐다. 대당 가격은 당시 돈으로 2백 50만 원이었다. 그런데 이 가격은 시중 가격과 비교해 보면, 터무니없이 높은 것이었다. 파출소에 보급된 온풍기는 10KW급 대형이었는데, 당시 시중에서 팔리고 있는 6KW급 중형 전기온풍기의 가격이 82만 5천 원 정도였다. KW당 10만 원 정도씩 가격이 높아진다는 업계의 설명을 토대로 추정해보면 10KW급 대형 전기온풍기의 적정 가격은 125만 원 안팎이었다. 경찰이 구입한 온풍기 가격의 절반에 불과했다. 그런데도 경찰은 대당 250만 원씩 모두 15억 원의 온풍기 구매 대금을 예산으로 지급했다. 파출소들의 월동 관련 예산이었을 것으로 추정된다.

경찰의 신형 온풍기 도입 명분은 에너지 절약이었다. 전기는 사람들이 왕성하게 일하는 낮에 많이 소비되고, 밤에는 남아돌았다. 사실상 버려지고 있는 심야 전기를 활용해 온풍기 내에 장착돼 있는 특수한 돌을 밤새 뜨겁게 달궈놓았다가 날이 밝으면 전기를 거의 쓰지 않고, 달궈놓은 돌이 발산하는 열로 난방을 한다는 게 신형 온풍기의 원리였다.

원리에 대한 선전은 요란했지만, 막상 현장에서 온풍기를 설치하고 가동해보니 난방 효과가 전혀 없었다. 열에너지를 그렇게 효율적으로 축적해 놓았다가 마음대로 꺼내 쓸 수 있다면, 정말 또 다른 에너지 혁명을 이룬 것이겠지만, 현실 세계에는 아직 그런 물질은 없다. 사기성 제품이었던 것이다. 결국 기존에 쓰던 난로를 떼어내고 신형 온풍기를 설치했던 파출소들은 거의 예외 없이 온풍기를 떼어내고 구형 난로를 다시 사용하고 있었다.

신형 온풍기를 철거하고 다시 구형 난로를 쓰는 파출소 풍경

신형 온풍기에 붙어 있던 품질인증 Q마크

가짜 Q마크 인증…
텅빈 업체 사무실

어떻게 이런 엉터리 온풍기가 경찰에 보급될 수 있었는지 알아보기 위해 경찰청 관계자들에게 물었더니 한국전력이 절전형 온풍기를 추천했다고 주장했다. 하지만 한전은 온풍기를 경찰에 추천한 적이 없다고 부인했다.

새 온풍기에는 품질인증 Q마크가 붙어 있었는데, 이렇게 조잡하고 제대로 작동되지 않는 제품에 공인기관의 인증마크가 부여됐다는 게 믿어지지 않았다.

그래서 전기전자제품에 Q마크를 부여해 주는 전기전자시험검사소에 확인해 보니 문제의 온풍기에 대한 인증을 해 준 적이 없는 것으로 드러났다.

황당한 일이었다. 공인기관의 인증까지 조작한 사악한 업체의 불량 제품이 대한민국 경찰에 납품됐단 말인가?

납품업체 관계자들을 만나기 위해 주소지를 찾아가 봤다. 납품업체 사무실은 입구에 아무런 간판도 붙어 있지 않았다. 안에 들어가 보니 책상과 사무집기 등은 있었지만, 황급히 도망친 듯 직원들은 한 명도 없었다. 책상에 남아 있는 서류에는 서울 시내 각 파출소로부터 들어온 고장 수리 요구가 빼곡하게 적혀 있었다. 건물 관리인은 얼마 전까지는 사람들이 있었는데, 최근에는 사람들이 나오지 않는 것 같다고 말했다. 사기성 유령 업체가 조달한 엉터리 제품이 서울시내 전 파출소에 의무적으로 떠안겨진 셈이었다. 기가 막히는 일이었다.

사건의 배후를 캐기 위해 어떤 경위로 이 저질 온풍기가 경찰에 납품되게 되었는지 탐문해 봤다. 이 과정에서 놀라운 사실을 듣게 됐다.

온풍기 도입을 지시한 사람이 당시 경찰 고위 인사라는 것이었다. 더 깊게 취재하려 하자, 여러 경로로 방해가 들어왔다. 이런저런 이유로 취재는 거기서 멈출 수밖에 없었다.

그때까지 취재된 내용만으로 방송용 뉴스 리포트를 만들었다.

사안의 중요성으로 봐서는 9시 뉴스 톱 아이템으로 나가야 했지만,

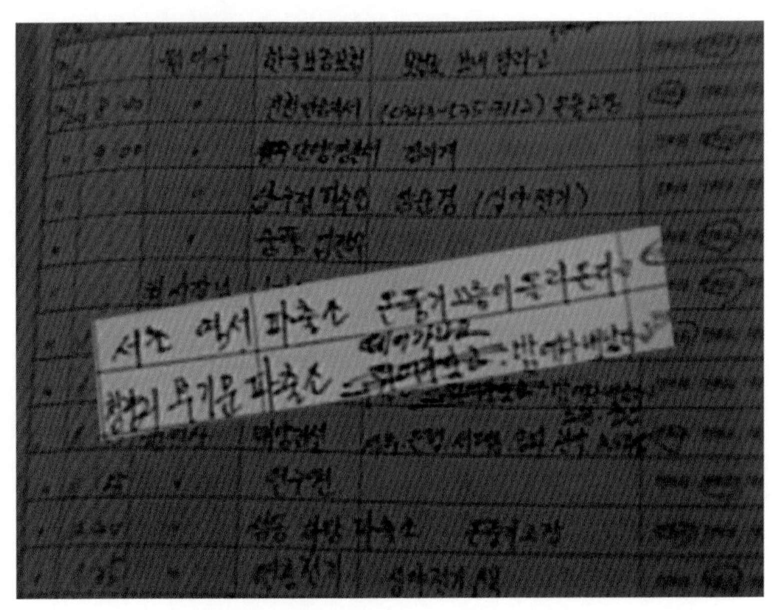

납품업체 장부에 빼곡하게 적힌 온풍기 고장 신고

관심도가 떨어지는 시간대로 밀려서 나가고 말았다.
내게 편집권이 없었기 때문에 혼자 혀를 찰 뿐이었다.
대대적인 감사와 수사로 이어져야 할 사안이었지만 방송이 된 뒤 아무런 반응도 없었고, 뉴스를 보지 못해서인지 아니면, 경찰의 로비 때문인지 다른 언론사들도 이 기사를 받아서 후속 취재를 하지 않았다.
이른바 문민정부였지만, 이때까지도 검찰 경찰, 같은 권력 기관 관련 고발 보도를 속속들이 취재해 톱뉴스로 방송에 내보내는 건 쉽지 않은 일이었다.

제3화

실명제 속 '차명 대출' 사고

문민정부 개혁의 상징
'금융실명제'

1993년 2월 25일 출범한 김영삼 정부는 스스로 문민정부라고 칭했다. 사실 군사정부는 전두환 정권에서 끝이 났고, 노태우 대통령은 엄연히 민간인 신분으로 직선제 선거를 거쳐 당선된 대통령이었기에 노태우의 6공 정부는 군사정부로 볼 수 없었다. 하지만 노 대통령 역시 전두환 대통령과 같은 육사 11기 출신의 군 장성이었고, 12.12 쿠데타와 5공 탄생의 주역이었기 때문에 군사정부의 연장선으로 보는 시각도 적지 않았다.

문민정부는 군사정부의 부정적인 유산들을 청산하고, 부정부패를 일소하겠다며 많은 개혁 조치들을 단행했다. 군내 비밀 사조직인 하나회의 철폐와 부정한 뭉칫돈들의 통로역할을 했던 가명, 차명 계좌들을 없애기 위한 금융실명제 도입 등이 대표적인 개혁 조치들이다. 하나회 철폐는 군 내부의 결속력을 결정적으로 약화시켜 이후 군사쿠데타가 원천적으로 불가능하도록 만들었다는 평가를 받는다. 또 금융실명제는 검은 돈의 세탁을 막고 금융당국이나 수사당국이 자금의 흐름을 한 눈에 파악할 수 있도록 해 부정부패의 규모를 대폭 축소시킨 문민정부 개혁의 백미로 꼽힌다.

김영삼 대통령은 기습적인 깜짝 발표를 좋아했다. 정부가 발표할 내용이 미리 언론에 노출되는 걸 극도로 싫어했다. 이런 유별난 성격 탓에 내각 개편 명단 일부가 언론에 유출됐다고, 이미 결정됐던 개각 내용을 급하게 바꿔버린 경우도 있었다고 한다.

금융실명제 실시 특별담화를 발표하는 김영삼 대통령 (1993년 8월 12일)

금융실명제의 전격적인 도입도 기습적으로 저녁 시간에 깜짝 발표됐다. 공무원들의 정규 근무 시간이 끝난 저녁 시간에 주요 정책 발표를 한 건 거의 전무후무할 것이다.

이렇게 대통령과 정부가 공을 들인 개혁 조치인 금융실명제이다 보니 일사천리 파죽지세의 기세로 시행이 됐고, 실명제 위반이 드러나면 엄중 처벌하겠다는 경고가 나왔다.

하지만 가명과 차명 계좌가 난무하던 상황에서 너무 갑작스럽게 실명제가 실시되다 보니 제도 시행 초기에는 혼선이 적지 않았고, 신원 노출을 피하기 위해 위험을 감수하며 실명제를 위반하는 경우도 있었다.

“거래한 적 없는 은행에 내 명의의 계좌가 개설되고 대출까지 이뤄져”

어느 날 사회부로 금융실명제 위반 사례에 대한 제보가 들어왔다. 상업은행 서울 고덕동 지점에서 벌어진 일이었다. 제보자는 개인사업을 하던 정 모씨였다. 정 씨는 자신이 한 번도 거래한 적이 없는 상업은행 고덕동 지점에 자신 명의의 통장 2개가 개설됐고 이 통장들을 통해 엉뚱한 사람에게 대출이 이뤄졌다고 말했다.

정 씨는 KBS에 제보하기 며칠 전 상업은행으로부터 빌린 돈 5백만 원에 대한 밀린 이자를 갚으라는 황당한 전화를 받았다고 했다. 정 씨 자신은 고덕동이 어디에 있는지도 모르는데, 상업은행측은 분명히 정 씨가 고덕동 지점에서 대출을 받은 것으로 돼 있다고 했다는 것이다.

정 씨의 주장이 사실인지 확인해 보기 위해 상업은행 고덕동 지점으로 갔다. 계좌 개설 때 제출된 서류들을 검토해 보니 정 씨 이름으로 2개의 계좌가 개설된 것은 맞지만, 인감란에는 감○○라는 엉뚱한 이름의 도장이 찍혀 있었다. 감○○ 씨는 정 씨에게 빚을 지고 있던 사람이었다. 감 씨는 담보대출을 받아 빚 일부를 갚겠다며 정 씨로부터 보증용 인감증명을 받아갔는데, 이 인감증명을 이용해 정 씨 몰래 정 씨 명의의 통장을 만들어 대출을 받은 것이었다. 은행측이 실명 확인을 하지 않았거나 아니면 실명이 아니라는 걸 알면서도 이런 말도 안 되는 거래를 한 것이었다.

상업은행 서울 고덕동지점(1994년 7월 29일)

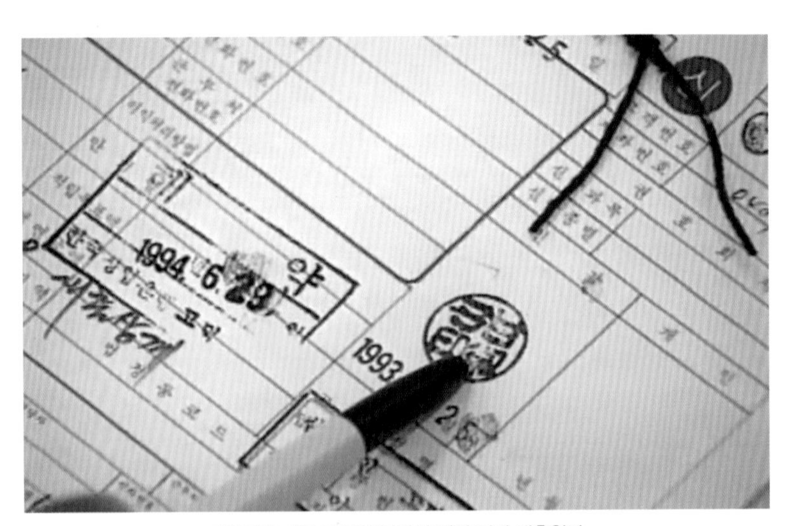

대출자와 다른 이름의 인감이 찍혀 있던 대출원장

문제는 금융실명제는 김영삼 정부가 정권의 최대 치적 중 하나로 내세우는 개혁 조치라서, 이를 고의적으로 위반한 사실이 드러나면 관련자들이 엄벌에 처해진다는 점이었다.
KBS 기자가 금융실명제 위반 사실을 취재하고 있다는 사실이 알려지자 상업은행은 비상이 걸렸다. 고덕동 지점 뿐 아니라 본점까지 대책 회의를 하고, 인맥을 비롯해 가용할 수단을 총동원해 어떻게든 보도를 막아보라는 지시가 떨어진 것으로 전해졌다.

보도국에 먼저 와 있던 은행 관계자

고덕동 지점 취재를 마치고 여의도 보도국으로 돌아오니 사회부 차장 선배가 9시뉴스 편집부장이 찾으니 가보라고 했다. 편집부장실로 들어가니 못 보던 정장 차림의 노신사가 앉아 있었다. 편집부장은 나를 보더니 "상업은행 취재했다며. 그거 뉴스 거리가 되나?" 라며, 평가절하하듯 가볍게 말을 던졌다. 이 말을 듣는 순간 기분이 확 상했다.
후배 기자가 특종거리를 애써서 취재해 왔는데, 격려는 못해줄망정 고작 한다는 말이 '뉴스거리가 되냐고?'
선배에 대한 존경심이 싹 사라지는 순간이었다.
예상했던대로 편집부장실에 앉아 있던 사람은 상업은행 고위 관계자였다.
나는 상업은행 관계자가 들으라는 듯이

"금융실명제 위반이라 뉴스 거리가 충분히 되던데요." 라고 편집부장에게 응수했다.
그러자 편집부장은 상업은행 관계자를 내게 소개하며 "해명할 게 있으시다니 잘 들어보고 반영할 게 있으면 반영해 주라"고 했다.
나는 "잘 알겠다"며 상업은행 관계자를 편집부장실에서 데리고 나와 잠시 대화를 나눴다.
별다른 해명은 없었다. "직원이 실수를 했는데, 좀 봐달라"고 했다.
나는 "팩트가 틀렸다면 내지 않겠지만, 취재한 내용이 모두 사실이기 때문에 뉴스에 낼 수밖에 없다"고 잘라 말했다.
그러나 나의 이런 자신감과 단호함은 실제 뉴스가 나간 뒤에는 실망감으로 바뀌어 있었다.
상업은행 고위층의 로비가 통했는지 이날 내 리포트는 금융실명제 위반 사례를 취재한 단독 보도였음에도 9시 뉴스 앞부분에 주요 뉴스로 배치되지 않고, 뉴스 말미로 한참 밀려서 나갔다. 심지어 이른바 [5]로컬뉴스 시간대로 배치돼 수도권을 제외한 다른 지역에서는 볼 수조차 없게 됐다.
물론 뉴스 가치에 대한 판단과 편집권은 취재 기자의 몫이 아니라 편집권자들의 몫이고, 내 판단이 잘못됐을 수도 있다. 아무 일 없는 상태에서 뉴스 말미로 편집이 됐다면 나도 별 불만 없이 수긍했을

---

5) 9시 뉴스 말미에 각 지역국에서 서울에서 나가는 방송을 그대로 내보내지 않고, 해당 지역의 뉴스를 별도로 내보내는 시간

차명 대출

(CASH) 카드가
상업은행
3집앨범

것이다. 하지만, 상업은행 관계자가 편집부장을 만난 일이 있은 뒤라 기분이 찜찜할 수밖에 없었다. 하지만, 이미 지나간 일이라 돌이킬 수도 없었고, 설령 돌이킨다 해도 일개 평기자의 힘으로 뉴스 편집을 바꿀 수는 없는 일이었다.
그나마 당일 9시 뉴스에 나간 게 다행이라고 생각하면서 회사 문을 나서는데 입사 한 기수 위인 친한 선배가 어깨를 툭쳤다.

"재현아! 기분 나쁘지? 기자 생활 하다보면 그런 일이 비일비재하다. 그래도 과거에 비하면 지금은 많이 나아진 거다. 그냥 집에 가면 분통이 터져 잠이 안 올테니 한 잔 걸치고 들어가자."
우리는 가끔 가던 카페에서 폭탄주를 들이키며 편집부장을 성토했다. 실컷 씹어주고 나니 기분이 좀 풀린 것 같았다.

'내가 고위 간부가 되면 절대로 후배들이 취재한 기사를 놓고, 예의에 어긋나는 행동은 하지 말아야겠다.'
나는 이날 마음 속으로 단단히 다짐했다.

KBS
SBS

〈제2장〉

꼬리에 꼬리를 무는 사건사고들

제4화

상 씨 일가의 독재에 반기 든 교사들…
상문고 교사들의 양심선언

입시 명문고로 떠오른
군대식 학교

서울 서초구의 명문고 두 곳을 꼽으라면 전통의 명문 서울고등학교와 평준화 이후 강남 8학군이 교육 1번지로 뜨면서 신흥 명문고 중 하나로 자리잡은 상문고등학교로 압축될 것이다.(강남지역을 잘 모르는 내 주관적인 생각이니 이견이 있는 독자들의 양해를 바란다) 100미터 정도밖에 떨어져 있지 않은 두 학교는 평준화 이후 한 해에 수십 명 서울대에 진학시키면서 이름을 떨쳤다.

서울고야 평준화 이전부터 경기고, 경복고와 함께 3대 명문고였으니 별로 이상할 게 없지만, 상문고의 부상은 의외였다. 부촌으로 꼽히는 서초구 방배동에 위치해 집안 배경이 좋은 우수 학생들이 많다는 점은 유리한 조건이었지만, 비슷한 조건을 가진 다른 학교들에 비해 월등히 좋은 성과를 거두고 있었다.

당시 상문고는 학생들의 머리가 짧은 것으로 유명했다. 상문고 학생들은 군대 신병들처럼 완전히 빡빡머리로 다녔다. 두발 자유화가 이뤄진 상황에서 상문고처럼 머리를 짧게 깎는 학교는 거의 없었다. 상문고는 다른 학교들에 비해 규율도 엄격해 '군대'라는 별칭을 갖고 있었다.

상문고가 이렇게 규율이 엄격한 건 상춘식 교장 탓이었다. 부친으로부터 학교를 물려받은 상 교장은 교사와 학생들을 달달 볶았다고 한다. 학생들은 체육교사와 교련교사 등으로부터 종종 구타를 당하거나 얼차려를 받았다고 증언하고 있다. 학생들이 딴 짓 못하도록

서울 상문고등학교 로고와 입구 모습 (1994년 3월)

닦달해 성적은 잘 나왔지만, 학교는 곪아 있었다.

폭발한 교사들

94년 봄, 마침내 종양의 고름이 터져버렸다. 일부 상문고 교사들이 3월 14일과 15일 두 차례에 걸쳐 공개 양심선언을 하면서 상춘식 교장과 부인 이우자 이사장의 비리를 언론에 고발한 것이다. 상문고등학교가 7년에 걸쳐 무려 16억 원의 찬조금을 걷었고, 돈을 받고 학생들의 내신성적을 조작했다는 생생한 증언이 터져 나왔다. **학급당 매년 당시 돈으로 2백만 원에서 5백만 원씩 찬조금을 걷어 교장과 이사장에게 바쳤고, 재단 이사의 아들이나 부모가 학교에 찬조금을 많이 낸 학생들의 성적을 마음대로 올려줬다는 내용 등이 포함돼 있었다.** 한국 사회에서 성적과 대학이 갖는 의미는 달리 강조하지 않아도 독자들도 잘 알 것이다. 상문고 교사들의 폭로는 엄청난 후폭풍을 몰고 왔다.

나는 사회부에 발령받고 나서 첫 임무로 상문고등학교 교사들의 양심선언 현장을 취재하라는 지시를 받았다. 당시 서울 신림동의 한 식당에서 2차 양심선언을 하는 교사들을 취재하러 갔다가 발표를 하는 교사에게 마이크를 대고 있는 내 얼굴이 대문짝만하게 경향신문에 난 일이 있었다. 방송기자로서 9시 뉴스 방송으로 얼굴을 알리기 전에 신문에 기자라고 먼저 얼굴을 낸 셈이었다. 신문에 얼굴이 나간 뒤 친구 등 일부 지인들로부터 얼굴 잘 봤다는 전화가 걸려

오기도 했다.

상문고 사태는 교사들의 양심선언에 이어 경찰 수사와 상춘식 교장 구속, 새 교장 임명 등 후속 취재와 기사로 이어졌고, 나는 상당 기간 동안 상문고를 들락날락할 수밖에 없었다. 상문고에 얼마나 자주 갔던지 나중에는 이 학교 학생들에게 잔소리와 호통이 많기로 악명이 높았다던 수위 아저씨의 인사까지 받는 인물이 됐다.

인근 서울고등학교의 교장선생님이 상문고의 새 교장으로 임명되면서 상문고는 점차 안정을 되찾고 정상화되어 갔다. 거기까지 지켜보고 난 뒤에는 사회부 기자로서 상문고로 더 이상 취재를 갈 일은 없었다. 그런데 그로부터 6~7년 뒤 상 씨 일가 사람이 교장으로 복귀하는 문제를 놓고 상문고가 다시 시끄럽다는 기사를 보게 됐다. 옛 생각이 떠오르면서 입맛이 씁쓸해졌다.

“아! 역사는 반복되는 것인가?...”

양심선언하는 상문고 교사에게 마이크를 대고 있는 필자(경향신문 1994년 3월 16일 자)

제5화

조계사에서 이단옆차기 날린 조폭들…
폭력사태로 비화된 조계종 분규

총무원장 선출 둘러싼
종단 내 파벌 다툼

1994년 3월 29일 대한불교조계종의 중심 사찰인 서울 조계사에서 승려들 간 대규모 폭력사태가 벌어졌다. 당시 조계종 총무원장이던 서의현 원장이 3선 연임 의사를 밝힌 가운데 다음날인 3월 30일로 예정된 총무원장 선출을 위한 임시 중앙총회를 앞두고, 서 원장의 연임에 반대하는 범승가종단개혁추진위원회측 승려들과 서 원장의 연임을 지지하는 승려들이 정면으로 충돌한 것이다.
양측이 볼썽사나운 집단 난투극까지 벌이면서 10여 명이 다쳤고, 한 승려는 경찰 진입 과정에서 건물 옥상에서 떨어지기도 했다.

조계사 폭력사태 (1994년 3월 29일)

승려들에게 2단 옆차기를 하는 양복 차림의 폭력배(1994년 3월 29일)

폭력사태에도 불구하고, 조계종 총무원은 3월 30일에 예정대로 중앙총회를 강행해서 서의현 원장을 총무원장으로 다시 선출했다. 그러자 종단 내 분규는 더욱 심화됐고, 결국 약 보름 후인 4월 13일 서의현 총무원장은 더 이상 버티지 못하고 폭력 사태의 책임을 지는 형태로 자진 사퇴했다. 서 전 원장의 승적까지 박탈되면서 분규는 일단 수습됐다. 하지만 이후에도 조계종은 총무원장 선출 때마다 반복적으로 종단 내 파벌 간 다툼을 이어오고 있다.

"승려가 아니라 조폭이다"

94년 3월 분규 당시 KBS 사회부는 서의현 총무원장 연임에 반대하던 범승가종단개혁추진위측이 촬영한 비디오 화면을 단독으로 입수했다. 이 화면에는 양복 차림을 한 일단의 남자들이 승려들에게 발길질을 하는 등 거칠게 폭력을 휘두르는 장면이 담겨있었다. 이 화면을 보던 당시 이00 사회부장이 "저 친구들은 승려가 아니잖아. 조폭이네 조폭" "저 2단 옆차기 하는 것 봐라"라고 소리쳤다. 이 부장의 말대로 화면 속 남자들은 건장한 체구에 양복 차림을 하고 있었고, 머리도 삭발을 하지 않아 한 눈에 봐도 승려가 아닌 폭력배들이라는 걸 짐작할 수 있었다. 이 부장은 즉각 폭력배들이 어떻게 동원됐는지 취재하라고 지시했다. 취재 결과 이들은 서울 영등포와 경기도 광명시 등에서 동원된 폭력배들이었고, 조계사 인근 호텔에서 묵고 있다가 이날 새벽 조계사로 투입됐다는 사실이 드러났다. 서의현 총무원장의 측근들이 이들을 동원했고, 숙박비도 지불한 것으로 확인됐다. KBS의 폭력배 동원 의혹 제기에 따라 경찰도 이 부분에 대한 수사에 착수했고, 결국 서 총무원장의 자진 사퇴로 이어지는 결정적인 계기가 됐다.

화면을 입수했어도 KBS가 폭력배 동원 부분을 주목해 이슈화하지 않았다면 그냥 승려들끼리의 폭력적 파벌 싸움으로 끝났을 수도 있었을 것이다. 조계사 사태를 경험하면서 언론인으로 성장해 나가려면 어떤 사안을 바라볼 때 입체적으로 봐야 하고, 이슈가 될 만한 것을 찾아낼 수 있는 혜안과 이슈로 밀고 나갈 수 있는 추진력을 길러야 한다는 걸 생생하게 배울 수 있었다.

제6화

부모 살해 뒤 사고로 위장하려고 방화…
오렌지족 패륜아 박한상

오렌지족을 아시나요?

4~50대 독자들은 오렌지족이라는 단어에 익숙할 것이다. 오렌지족은 1990년대 초에 서울 강남 지역에 거주했던 20대 부유층 청년들을 지칭하는 단어이다. 이들은 돈 많은 부모 덕에 넉넉한 용돈으로 유명 해외 명품을 소비하고 고가의 자가용을 타고 다니며 유흥을 즐기는 등 사치스럽고 화려한 삶을 즐겼다. 특히 이런 강남지역 청년들의 상당수가 해외 유학이나 연수를 다녀온 해외파였기 때문에 당시 해외 수입 과일의 대표 주자였던 오렌지를 따서 오렌지족이라고 불렀다.

오렌지족과 외제차가 등장하기 시작했던 90년대 초반의 서울 강남

아버지의 호통에 격분해 부모 살해 계획

그런데 부모를 잘 둬 호사스럽게 살아온 한 오렌지족 청년이 흉기로 부모를 수십 번씩 찔러 살해한 패륜적 사건이 94년 5월 19일에 일어났다.

범인은 당시 24살이었던 박한상이다. 박한상은 1971년 대형 한약방을 운영하던 박순태 씨와 부인 조순희 씨의 장남으로 태어났다. 서울 강남구 압구정동에 있는 현대고등학교를 졸업한 박한상은 한 지방대 공대에 진학했다. 한약상인 아버지는 사업을 물려주려고 아들

한때는 단란했던 박순태씨 가족 (왼쪽이 장남 박한상)

이 한의대에 진학하길 바랐으나, 박한상은 한의대에 갈 실력은 되지 못했다. 박한상은 대학 생활에 적응하지 못해 91년에 대학을 휴학하고, 군에 입대하여 93년에 제대했지만 복학을 하지 않았다. 이후 아버지에게 미국 유학을 보내달라고 졸랐고, 아버지 박순태 씨는 지인과 상의한 끝에 박한상을 미국 LA 근교 어학원으로 연수를 보냈다. 하지만 박한상은 어학원 생활에도 적응하지 못해 무단결석을 일삼았고, 비슷한 처지의 친구와 어울리며 도박에 빠졌다. 차를 사겠다고 부모에게서 받아간 1800달러를 모두 잃는 것도 모자라 수천만 원의 도박빚을 지게 된다. 도박에 빠진 사실을 알게 된 아버지에게 강제 송환당한 박한상은 아버지가 "호적을 파가라" "너는 아무 일도 할 수 없는 놈이다"라고 호되게 야단을 친데 격분해 부모를 살해하기로 결심한다.

집에 불지르고
태연하게 신고

부모를 죽이고, 사고로 위장해 100억 원대의 유산을 상속받는다는 계산을 한 박한상. 그는 94년 5월 19일 새벽, 옷을 모두 벗고 부모가 잠든 방에 들어가 흉기로 수십 차례 찔러 부모를 모두 살해한 뒤 몸에 묻은 혈흔을 샤워기로 씻어냈다. 옷에 핏자국이 남는 걸 막기 위해 옷을 벗고 범행을 저질렀을 만큼, 치밀하게 계획한 범죄였다. 박한상은 부모가 화재로 숨진 것으로 위장하기 위해 집에 휘발유를 뿌리고 불을 지른 뒤 유

불에 탄 박순태 씨의 집(1994년 5월 19일 서울 강남구 삼성동)

유히 집을 빠져나가 119에 전화를 걸어 자신의 집에 불이 났다고 신고했다.
소방대와 함께 현장에 출동한 경찰은 처음에는 박한상이 의도했던 대로 단순 화재 사고로 처리하려 했다. 그러나 숨진 부모의 몸에서 수십 차례나 흉기에 찔린 흔적이 나오자 원한에 의한 살인 사건으로 규정하고 원한 관계와 주변인 등에 대한 탐문 수사에 나선다.
경찰은 수사 초기에는 집에 불이 나 다급하게 빠져 나오느라 부모님을 구하지 못했다며 눈물을 흘리는 박한상을 용의선상에서 배제했다. 그러나 살해된 부모 주변에 특별히 원한을 가질 만한 인물이 나오지 않고 있는 상황에서 사건 당일 박한상의 머리에 피가 묻어 있었다는 의료진의 제보와 박한상의 다리에 이빨로 물린 자국이 있다는 친척의 제보 등을 근거로 박한상을 집중 추궁해 범행 일체를 자백 받았다. 박한상은 범행 뒤 샤워기로 몸을 씻었으나 머리는 감지 않아 부모의 혈흔이 머리에 남았고, 아버지 박순태 씨가 죽기 전에 박한상의 다리를 물어 이빨자국이 남아 있었던 것으로 드러났다.
큰 사건이 나면 언론사간 취재 경쟁이 치열해진다. 사진을 구하는 것도 큰 경쟁 중 하나인데, 당시 나도 사진을 구하려고 박한상의 집에 갔었다.
그랬더니 그 집을 임시로 관리하고 있던 박 씨네 친척 분이 조금 전 검찰에서 사진 같은 자료들을 대부분 가져갔다고 했다.
나는 남아 있던 자료들 중에서 쓸만한 것을 골라 방송에 사용하고 돌려주기로 하고, 회사로 가져왔다. 그런데 알고 보니 나보다 앞서

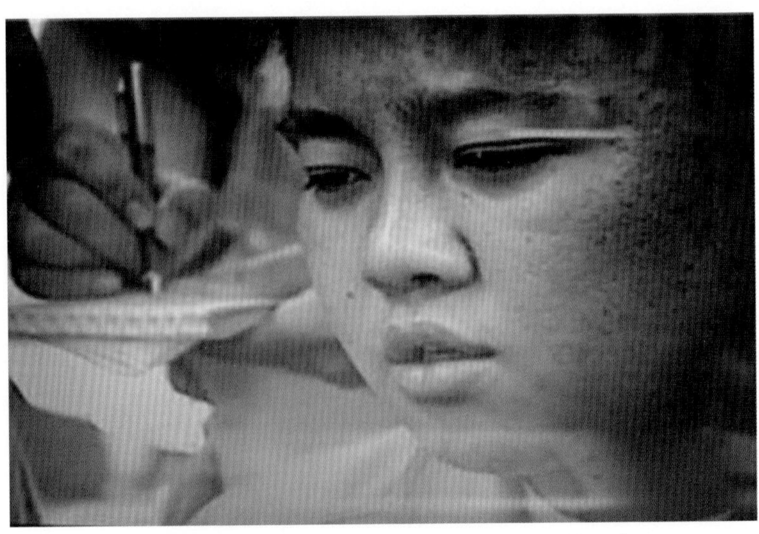

체포된 직후 기자들의 질문에 답하는 박한상(1994년 5월 26일)

그 집을 찾았던 건 검찰이 아니라 모 신문사의 기자였다.
지금 같으면 검찰을 사칭해 물건을 빼돌리면 구속될 일이지만, 당시에는 검찰이나 경찰을 사칭하고 물건을 받아가거나 몰래 훔쳐가는 식의 취재가 관행적으로 이뤄지고 있었다.
한약상 부부 살인 사건의 범인이 오렌지족 아들로 밝혀지자 국민들은 경악했다.
박한상은 검거 후 자신을 취재하는 기자들에게 눈을 부라리며 욕을 하는 등 반성하거나 자숙하는 기색을 전혀 보이지 않았다.
박한상은 95년 8월에 사형이 확정됐지만, 집행은 되지 않아 아직도 감옥에 수감 중이다.

제7화

인육 먹고 시체 소각…
세상을 충격에 빠뜨린 지존파 사건

추석날 국민들을 경악시키다

1994년 가을 민족 최대의 명절을 맞아 모처럼 가족 친지들과 차례를 지내고, 송편과 풍성한 차례 음식을 함께 나누면서 정겹게 회포를 풀던 국민들은 텔레비전 화면에 뜬 뉴스속보 자막을 보고, 경악했다.

KBS를 비롯한 각 방송사 TV 화면에는 '연쇄 납치살해 일당 검거'라는 뉴스속보 자막이 일제히 걸려 있었다. 이어서 '지존파, 5명 살해'…"부유층 증오한다"

'인육도 먹었다…사체 소각장도 갖춰' 등 충격적인 내용이 잇따라 나오면서 시민들은 놀란 입을 다물지 못했다.

20세기에 국내에서 일어난 강력 사건 중 세 손가락 안에 꼽힐 만큼 기괴한 범죄조직 지존파 사건이 세상에 공개된 것이다.

연쇄 납치살해 조직 '지존파'는 부유해 보이는 사람들을 납치해 돈을 빼앗은 뒤 살해하고, 인육을 먹기도 하고, 증거를 없애기 위해 시체를 태우려고 아지트에 자체 소각장까지 갖춘 희대의 범죄집단이었다.

두목 김기환(당시 25살) 등 7명은 1993년 4월 전라남도 함평군 대동면에서 마스칸이라는 이름의 조직(마스칸의 뜻은 명확하지 않으며, 지존파라는 이름은 사실 일당 검거 후 경찰이 지어준 이름이다)을 결성하고, 자신들이 증오하는 부유층을 상대로 범죄를 저지르며 돈을 모으기로 결의한다. 이들은 아래와 같은 4가지 행동강령도 만들었다.

“오렌지족 야타족 더 못 죽여서 한”이라고 말하는 부두목 강동원

인육까지 먹었다는 행동대장 김현양(오른쪽)

지존파 아지트 외경 (전남 영광군)

1. 돈이 많은 자를 증오한다.

2. 10억 원을 모을 때까지 범행을 계속한다.

3. 배신자는 죽인다.

4. 여자는 어머니도 믿지 말라.

김기환 일당은 본격적인 범행을 저지르기에 앞서 자신들만의 아지트를 만들기 위해 막노동을 하며 돈을 모았다. 담력과 잔인성을 기르려고 지리산에서 일주일간 물 한 병과 칼 한 자루로 버티는 훈련도 했다. 이들은 1993년 7월에 살인 연습도 했다. 충남 논산에서 23살 최모 양을 납치해 집단으로 성폭행한 뒤 살해하고 암매장했다. 첫 희생자였다. 이어 다음달인 8월에는 같은 조직원 22살 송봉우가 돈을 가지고 도망가자 배신자는 죽인다는 강령에 따라 흉기로 잔혹하게 살해한 뒤 암매장했다. 이들은 94년 5월 전남 영광군에 있는 두목 김기환의 집 지하실을 아지트로 개조하고, 쇠창살 감옥과 사체 소각시설 등을 만들었다. 사체까지 태워 없애 범죄 증거를 철저히 인멸하려 했던 것이다. 그런데 지존파 일당이 아지트를 중심으로 본격적인 범행을 시작하기 직전인 94년 6월, 두목 김기환이 강간 혐의로 체포돼 교도소에 수감되는 바람에 조직이 잠시 동안 흔들리게 된다. 하지만 얼마 뒤부터 남은 조직원들이 교도소로 면회를 가 김기환의 지시를 받으면서 다시 계획했던 대로 범행을 준비한다.

그해 9월, 이들은 경기도 양평군 양수리에서 승용차를 타고 가던 남녀를 납치해 여성 이모 씨를 집단 성폭행한다. 이후 남녀를 모두

아지트 지하 사체소각로

쇠창살 감옥

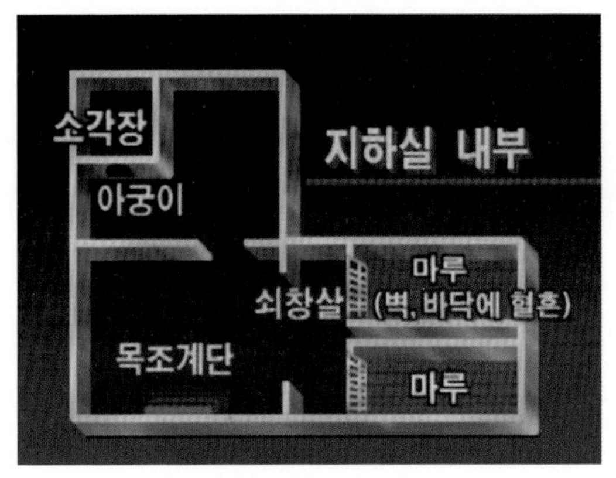

아지트 지하 내부 구조

소각장내 연소기 구조

죽이려고 했지만, 행동대장 김현양의 반대로 여성 이 씨는 살려둔다. 대신 이 씨를 자신들과 공범으로 만들기로 하고, 승용차에 동승했던 남자를 질식사 시키는 데 강제로 참여시킨다. 이들은 얼마 뒤 중소기업 사장 소모 씨 부부를 납치해 현금 8천만 원을 가져오도록 한 뒤, 돈을 받고 나서 부부를 모두 살해했다. 이때 소 씨를 공기총으로 살해하면서 앞서 살려둔 여성 이 씨에게 총을 쏘게 했다. '너도 두 건의 살인에 가담했으니 경찰에 잡히면 무사하지 못할 것'이라는 인식을 확고히 심어줘 탈출하거나 경찰에 신고하지 못하도록 하기 위해서였다. 지존파 일당 중 행동대장 김현양은 사체를 소각하기 전, 소 씨 부인의 인육을 먹는 엽기적 행각도 벌였다.

백화점 고객 명단 확보해 범행 대상 물색

지존파 일당은 부유층을 상대로 한 범죄를 지속적으로 벌이기 위해 서울 강남에 있는 한 백화점의 1200명의 고객 명단을 확보했고, 다이너마이트 같은 위력적인 무기도 추가로 구입했다. 그런데 9월 16일 행동대장 김현양이 다이너마이트를 다루다가 다쳐 병원에 가게 되었다. 이때 김현양을 따라 병원에 갔던 여성 이모 씨가 김현양이 진료실로 들어간 사이에 병원에서 빠져나와 극적으로 서울로 도망쳤고, 지존파 일당의 엽기적인 범죄 행각을 경찰에 신고

할 수 있었다.

지존파 일당은 이 씨가 탈출한 뒤 부두목 강동은의 애인 이경숙을 새로운 여성 조직원으로 가담시키고 또 다른 범죄를 모색하다가, 탈출한 이모 씨가 신고한 지 사흘만인 9월 19일에 서울 서초경찰서 강력반 형사들과 경찰 기동타격대에 의해 일망 타진됐다.

이들에 대한 검거 작전은 매우 치밀하고 조심스럽게 진행됐다. 워낙 잔인한 범죄자들인데다 공기총과 다이너마이트 같은 총기와 폭탄류까지 갖추고 있어서 섣불리 접근했다가는 경찰에도 피해가 발생하고, 자칫 검거작전이 실패로 끝날 수도 있었기 때문이었다. 게다가 또 다른 피해자가 인질로 잡혀 있는지도 알 수 없는 상황이어서 극도로 신중할 수밖에 없었다.

19일 새벽부터 영광군의 지존파 아지트를 포위하고 있던 경찰은 일당이 밖으로 나올 때까지 몸을 숨기고 기다렸다. 아침 7시 반쯤 부두목 강동은이 콩나물을 사기 위해 차를 몰고 장으로 향하자 한 시간 가량을 추적해 강동은을 체포했다. 이후 강동은이 교통사고가 났다고 전하며, 일당들을 밖으로 유인해 차례로 검거했다. 이들을 모두 검거하는 데는 3시간이나 소요됐다.

이들은 검거 후에도 반성의 기미를 보이지 않았으며, 사회에 대한 불만을 토로하고 인육을 먹었다고 자랑하는 등 뻔뻔한 모습을 보였다.

이들이 검거된 뒤 국민들은 충격에 빠졌다. 누구나 잔혹한 범죄 집단의 희생자가 될 수 있다는 공포감을 느꼈다. 특히 지존파 일당이 너무나도 쉽게 개인정보를

지존파가 사용했던 흉기들

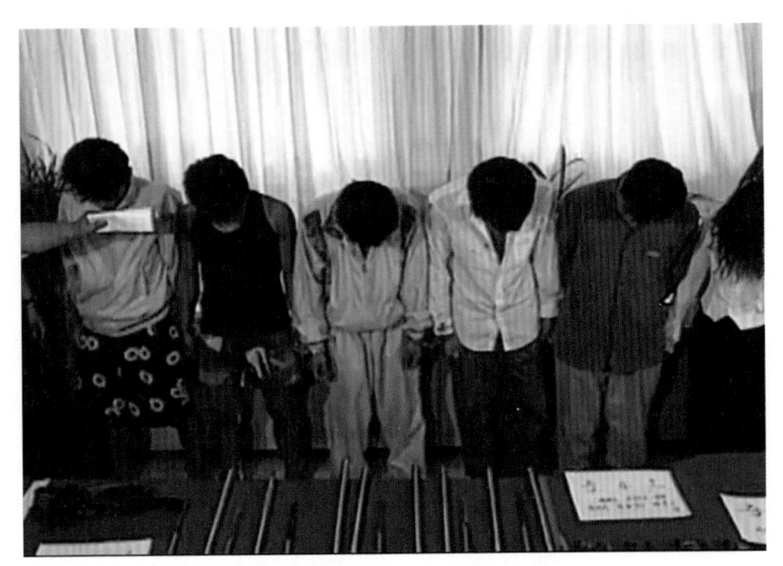

검거 뒤 공개된 지존파 조직원 6명의 모습

파는 브로커로부터 백화점 고객 명단을 확보한 데 대해 불안감을 느꼈다. 이들은 실제로 이 고객 명단을 바탕으로 구체적인 범행 대상들을 정하고, 추석 연휴 뒤 실행하려 했던 것으로 드러났다. 이모 여인이 용기를 내 경찰에 신고해서 추석 연휴 중 일당이 검거됐기에 망정이지 이 씨가 입을 닫고 잠적했거나 경찰이 일망타진에 실패했다면 얼마나 많은 희생자가 생겼을지 상상하기도 끔찍할 정도다.

지금은 개인정보 보호제도가 많이 정비돼 있지만, 당시만 해도 마음만 먹으면 손쉽게 개인정보를 구할 수 있었다. 지존파 사건은 개인정보 보호 제도를 정비하고 강화하는 결정적인 계기가 됐다.

김영삼 정부까지는 실제로 사형을 집행했기 때문에 두목 김기환과 행동대장 김현양, 부두목 강동원 등 지존파 남자 조직원 6명은 이듬해인 95년 11월에 모두 사형됐으며, 뒤늦게 합류한 여성 조직원 이경숙은 징역형을 선고받았다.

가해자들은 속세에서 사라졌지만, 피해자이자 신고자인 이모 씨는 평생 엄청난 트라우마 속에 살아가고 있을 것이다.

#제8화

"택시 타기 겁나요"...
부녀자 연쇄 납치 살해범 온보현

훔친 택시로
여자 승객 납치·성폭행

지존파 사건으로 사회가 흉흉해져 있는 상황에서 또 한 건의 엽기적 연쇄 살인 사건이 터졌다. 훔친 택시로 여자 승객들을 태운 뒤 납치해 성폭행하고 살해 암매장한 당시 38살 온보현이 저지른 범죄였다. 온보현은 먼저 택시를 훔친 뒤 경찰의 추적을 피하기 위해 택시 상호와 번호판을 모두 바꿨다. 이 택시로 주로 서울 강남 일대를 돌며 여성들을 노렸다. 납치 시도는 94년 8월 말부터 시작됐다. 8월 28일 서울 강동구 암사동에서 20대 여성을 택시에 태우고 납치하려 했으나 이 여성이 차에서 뛰어내려 탈출하는 바람에 실패했다.

온보현이 운전하고 다녔던 훔친 택시

연쇄살인범 온보현은 범행일지까지 작성했다

경찰에 자수한 부녀자 연쇄납치범 온보현(94년 9월 27일)

노래방 주인 43살 권모 씨가 첫 피해자가 됐다. 9월 1일 새벽 1시쯤 서울 송파구에서 권 씨를 태운 온보현은 권 씨를 위협해 인근 도로에서 성폭행한 뒤 자신의 고향인 전북 김제로 데려가 야산에서 다시 성폭행하고 권 씨를 나무에 묶어놓고 자리를 뜬다.
9월 11일 오후 7시 반쯤에는 서울 구로구 독산동에서 21살 엄모 씨를 택시에 태운 뒤 강원도 횡성군으로 납치해 야산에서 성폭행하고, 현금 31만 원을 빼앗았다.

성폭행 반항하자 살해·암매장

다음날인 9월 12일 밤 9시 반에는 서울 서초구 서초동에서 26살 허모 씨를 태워 납치한 뒤 횡성으로 갔다가 13일 새벽 5시 반쯤 경기도 신갈의 야산으로 끌고가 성폭행을 시도했다. 하지만 허 씨가 반항하자 비닐봉지로 질식시켜 살해하고 사체를 유기했다. 첫 살해였다. 이어 하루 뒤인 14일 밤 9시쯤 서울 송파구 가락동에서 귀가 중이던 박모 씨를 택시에 태워 납치했다가 박 씨가 반항하자 흉기로 살해한 뒤 경북 김천시 금릉군 인근 경부고속도로변에 시체를 버리고 달아났다.
이후 택시를 이용한 연쇄 납치 사건에 대한 경찰의 수사 강도가 높아지고, 첫 피해자인 권 모 씨의 제보 등으로 경찰이 이미 자신의 신원을 특정한 것을 알게 된 온보현은 추가 범행을 자제하고 잠적한다.

추석 연휴 중 지존파가 검거돼 세상이 떠들썩해지자 온보현은 자신과 지존파 일당을 비교하며 일종의 비뚤어진 영웅심리를 갖게 되고 범행 일지까지 작성한다. 일지에 자신의 나이와 같은 38명을 죽여 세계 신기록을 세우겠다고 쓰기도 했다.

9월 27일 경찰이 택시를 이용한 부녀자 연쇄 납치 살인사건 수사를 공개수사로 전환하고, 방송에서 대대적으로 범죄사실과 함께 자신의 얼굴까지 노출시키자 더 이상 숨어 있기 어렵다고 판단한 온보현은 경찰에 자수한다.

온보현은 사형이 확정돼 95년 11월 지존파 일당과 함께 사형됐다.

온보현 사건의 충격으로 여성들은 상당 기간 동안 택시 승차를 기피했으며, 여자 친구나 여자 동료가 밤에 택시를 타고 갈 경우 택시의 번호를 적어두는 사람들이 많아졌다. 택시에 탈 때 앞자리가 아닌 뒷자리에 타는 문화도 이때부터 정착되기 시작했다.

#제9화

두부 떼어내듯 잘려나간 다리…
출근길 성수대교 붕괴 참사

트러스공법 교량의 부실 관리가 원인

1994년 10월 21일 오전 7시 40분쯤 한강을 가로질러 서울 성동구 성수동과 강남구 압구정동을 연결하는 성수대교의 상판 50미터 가량이 마치 두부처럼 뚝 잘려 강으로 추락했다. 출근하던 시민과 등교하던 학생 등 32명이 숨지고, 17명이 다치는 참변이 일어난 것이다. 이 다리는 이른바 트러스공법으로 시공됐다. 트러스공법은 수중에 교각을 세워놓은 뒤 미리 만들어놓은 상판을 기중기를 이용해 교각 위에 얹는 방식인데, 교각을 많이 세워놓고 교각들 위에서 거푸집과 철근을 이용해 상판을 만들어 나가는 보편적 공법에 비

상판 일부가 떨어져 나간 성수대교의 모습(1994년 10월 21일)

해 교각 수가 적어 미관상 좋고, 선박이 통과하기에 용이하다는 장점이 있다. 하지만, 교각 수가 적다보니 교각이 없는 부분의 상판을 떠받치는 트러스의 이음새 부분이 안전에 매우 긴요하다. 트러스와 이음새 부분을 지속적으로 점검하고 관리해야 한다. 또한 교각이 적은 만큼, 상판이 과도한 하중을 받지 않도록 유의해야 한다. 하지만 성수대교는 1970년대 말 건설 당시부터 다리 아래 트러스가 제대로 연결되지 않았던 것으로 드러났고, 관리 부실로 연결 부위가 심하게 녹슬어 있었다. 여기에 성수대교 상판이 버틸 수 있는 하중은 32톤이었지만, 과적 단속이 이뤄지지 않아 40톤이 넘는 차량들도 다리를 지나다녔다. 또한 붕괴사고 1년 전인 1993년에 성수대교에서 의정부까지 연결되는 서울 동부간선도로가 개통되면서 성수대교 이용차량이 폭증해 다리의 부담을 가중시켰다.

사고 당시 승합차 1대와 승용차 2대는 상판 위에 있는 상태로 붕괴된 상판과 함께 강물로 추락했다. **붕괴지점으로 진입하던 승용차 2대는 미처 붕괴된 상판에 오르지 못한 상태에서 물로 추락했으며, 시내버스 1대는 붕괴지점을 완전히 지나가지 못한 상태에서 뒤집어지면서 강물로 떨어진 상판에 처박혀 큰 충격을 받았다. 이 때문에 버스에 타고 있던 승객들이 29명이나 숨졌다.** 숨진 승객 중에는 등교하던 서울 무학여고 학생 8명과 무학여중생 1명, 서울교육대학교 학생 1명 등 학생이 10명이나 포함돼 사회적으로 더 큰 충격을 안겼다.

여느때 아침처럼 마포경찰서 기자실로 출근했던 나는 다리가 무너졌으니 급히 회사로 들어오라는 연락을 받고 마포서 마당에 주차돼

이음새 부분이 녹슬고 볼트가 떨어져 나간 성수대교

추락 당시 충격으로 납작하게 구겨진 시내버스

희생자 시신을 수습하는 구조대

있던 내 승용차에 올라 여의도가 있는 마포대교쪽으로 향했다. 차량의 라디오를 틀었는데, KBS 1라디오에서 성수대교 붕괴 사고 관련 뉴스특보가 진행되고 있었다. 기자가 모자라서 이○○ 사회부장이 직접 전화로 생방송을 하고 있었다. 회사에 들어가니 예상대로 정신없이 바쁜 상태였다. 나는 자리에 앉아 속보 단신 기사를 챙겼다. 구조작업 현황과 사망자 수, 사망자의 신원, 부상자들이 옮겨진 병원 등 새로운 팩트가 확인되는대로 1보에서 2보, 2보에서 3보, 4보로 기사를 계속 진전시켜 나갔다.

틈틈이 라디오나 TV 뉴스특보에 전화로 참여해 속보를 전했다.

1보 동영상 전쟁

요즘은 큰 사고가 나면 시청자들이 현장 화면을 찍어 카카오톡 같은 SNS로 공유하고 방송사에도 보내주고 하지만, 당시에는 통신망이 발달돼 있지 않아서 방송용 중계차가 없는 한 현장에서 본사로 화면을 송출하는 건 불가능했다.

대형 사고가 나면 다른 방송사보다 먼저 현장에 촬영기자를 보내고, 사고 현장 화면을 찍어 텔레비전 뉴스로 먼저 송출하는 게 엄청난 경쟁이었다.

사회부 내근기자 책상에는 대형사고 발생시 매뉴얼이 더덕더덕 붙어 있었다.

우선, 취재기자와 촬영기자를 현장으로 보내 1보 기사와 1보 화면을 확보하고, 1보 화면을 촬영한 테입을 가용한 모든 수단을 동원해

KBS중계차의 모습

회사로 신속하게 보내야 한다.

다음, 중계기술부에 연락해 중계차를 현장으로 출동시켜야 한다. 중계차가 가야 이어지는 촬영 테입을 바로바로 현장에서 회사로 송출할 수 있기 때문이다. 또한 중계차가 있으면 필요할 때 취재기자가 라이브로 현장상황을 연결해 생방송을 할 수 있다.

만일 대형사고여서 공중에서 부감 샷을 촬영해야 한다면 중계 헬기도 기장에게 연락해 보내야 한다.

당연히 이 과정에서 시경캡과 차장 부장 보도국장 등 주요 상급자에게 보고도 해야 한다.

또한 TV뉴스 편집부, 라디오뉴스 편집부 그리고 편성국과 상의해 뉴스속보나 특보를 열어 생방송을 내보내야 한다.

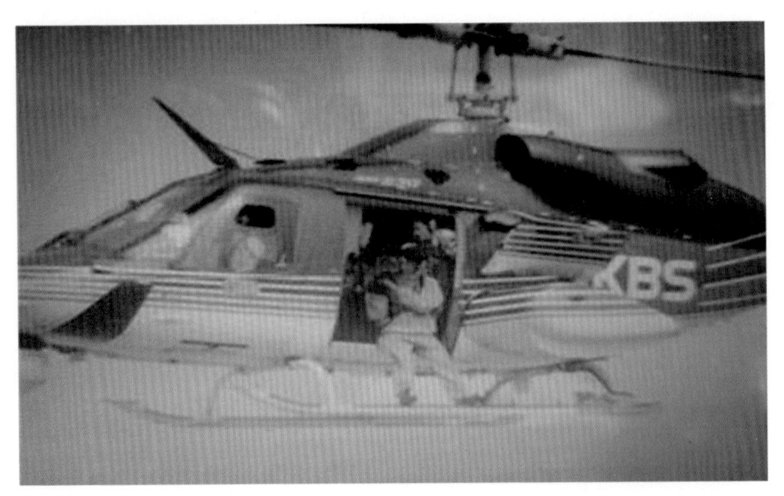

KBS 중계 헬기

밤 사이 사고가 나면 야근 기자 1~2명이 속보를 취재해 기사를 업데이트하면서 이 모든 걸 처리해야 하니 얼마나 바쁠지 상상이 갈 것이다. 이 중 하나라도 제대로 챙기지 못하는 게 있으면 나중에 큰 후과를 치르게 된다.

언론 특히 방송은 속보와 특종 경쟁을 할 수밖에 없다.

예를 들어 아파트 붕괴사고가 발생해 다른 방송사에서는 뉴스특보가 나가고 현장 화면이 생생하게 방송되고 있는데, 우리 회사는 다른 방송사의 뉴스를 보고서야 사고 발생 사실을 알게 되고 그제서야 뒷북 대처에 나선다고 생각해보자, 어떤 시청자가 우리 회사 뉴스를 보겠나. 1보 싸움에서 지면 그 뉴스에서 만큼은 끝날 때까지 상대 방송사에게 주도권을 빼앗기게 되는 경우가 적지 않다.

힘은 들지만 그런 경쟁과 경쟁에서 이기기 위한 긴장감이 있어야 언론이 활성화되고 그런 언론의 활기가 사회를 안전하고 건강하게 만들어준다.

기자 생활을 하면서 어느 곳에 있든 새벽 2시든 3시든 전화를 즉각 받지 않은 적은 거의 없다. 사명감과 직업의식이 있기 때문이다. 요즘 일부 기자들은 퇴근 시간 이후에는 전화를 잘 받지 않는다는 후배 보직 간부의 얘기를 듣고, 씁쓸한 기분이 들었다. '그건 샐러리맨이지 기자가 아니잖아'. '이제 공영방송 KBS도 문을 닫을 때가 된 것인가?' 사족이 너무 길었다.

어쨌든 다행히 성수대교 붕괴사고는 사회부장이 출근한 오전 7시 30분 이후에 벌어져 비교적 신속하게 앞에서 언급한 조치들이 취해졌다.

취재기자와 촬영기자가 현장으로 급파됐고, 중계차도 출동하고, 중계 헬기도 파견됐다. 그러나 중계차와 중계헬기가 현장에 도달하기까지는 상당한 시간이 걸린다. 2천년대에 들어서는 중계차 출동시스템을 바꿔 뉴스 중계차와 뉴스 중계팀을 기존 중계기술부와 별도로 만들어 사실상 24시간 대기한다. 연락을 받으면 곧바로 출동할 수 있도록 개선했지만 당시에는 중계차와 헬기가 현장에 당도하기까지는 복잡한 절차 때문에 시간이 많이 걸렸다. (요즘은 중계차 없이 방송용 ENG 카메라에 MNG라는 조그만 장비만 장착하면 화면 송출과 생방송이 가능하고, 그마저도 없으면 취재기자가 스마트폰으로 현장 중계방송을 할 수도 있다.)

성수대교 붕괴사고 발생 직후 KBS는 재난재해 상황 등에 대비해 강남지역 고층빌딩에 설치해 놓은 원격조정이 가능한 파노라마 카메라로 성수대교를 잡아 상판 일부가 떨어져 나간 성수대교의 모습을 방송사 가운데 유일하게 생생하게 중계할 수 있었다. 그러나 당시 파노라마 카메라 화면은 너무 멀리서 잡다 보니 선명도가 떨어져 다리가 붕괴된 모습을 스틸사진처럼 보여줄 뿐이었다. 상세한 현장 상황을 보여주는 데는 한계가 있을 수밖에 없었다. 제대로 된 현장 화면은 역시 방송용 ENG 카메라로 촬영해야 했다.

KBS 촬영팀은 비교적 일찍 출발했다. 하지만 출근 시간대인데다 사고 여파로 워낙 심한 교통 정체가 빚어지다보니 다른 방송사 촬영팀과 엇비슷하게 사고현장에 도착했다. 이제 문제는 어떻게 1보 촬영 화면을 신속하게 회사로 보내느냐 하는 것이었다. 촬영테입 배달을 위해 한동안 퀵서비스 오토바이가 이용되기도 했지만 당시에는 아직 그런 서비스는 활성화되어 있지 않았다.

촬영기자는 재빨리 사고 현장을 스케치하고, 2분 정도 분량의 1보 테입을 방송용 ENG 카메라에서 빼내 회사 취재차량 기사에게 빨리 회사로 돌아가 카메라 취재부에 전달하라고 지시했다. 물론 운전기사만 회사로 가고 촬영기자는 현장에 남아 계속 촬영을 한다. 첫 현장화면을 더 많이 찍어서 보내겠다고 욕심부리며 머뭇거리다간 현장화면 1보 송출 경쟁에서 다른 방송사에 턱 없이 뒤질 수 있다. 다행히 당시 KBS 촬영기자는 베테랑이어서 미련 없이 2분 정도 분량만 1보용으로 찍고 이 화면을 바로 회사로 보낸 것이다.

지금은 언론사가 많아 할 수도 없고, 워낙 통신이 발달해 그럴 필요도 없겠지만, 1990년대까지만해도 경찰이 언론사 사회부 취재차량

수중 수색을 위해 경찰 헬기에서 뛰어내리는 잠수부

에는 경광등을 달 수 있도록 허용해 주었다. 워낙 속보 경쟁이 치열하던 시절이었기 때문이다.
무사히 테입이 회사로 전달돼 현장 화면이 방송되자 KBS 보도국 안에서도 놀라움과 슬픔, 안타까움이 교차하는 탄성이 흘러나왔다.
"어떻게 다리가 저렇게 잘려 나갈 수가 있지?!!" "저 버스 어떡해"
텔레비전 방송뉴스는 사실 화면이 가장 중요하다.
처음 방송기자로 입사해 신입사원 연수를 받을 때 촬영기자 출신 선배 강사가 사고현장으로 갈 헬기에 단 한 명 밖에 탈 수 없는 상황이면, 방송사에서는 취재기자가 아닌 촬영기자를 태운다고 했다. 그만큼 화면이 중요하다는 걸 강조한 말이었다. 요즘은 누구나 스마트폰으로 동영상을 찍을 수 있는 시대이기 때문에 화면 촬영도 가능하고 현장을 취재할 수도 있는 취재기자를 태우겠지만, 당시로서는 취재기자인 나로서도 공감이 가는 대목이었다.

사건과 사고

성수대교 붕괴사고는 다음해인 1995년에 일어난 삼풍백화점 붕괴사고와 함께 1990년대에 일어난 대표적인 대형 참사였다.
두 사고 모두 부실공사와 관리 미비, 안전 불감증 등이 부른 인재였고, 빨리빨리를 앞세워 경제성장에만 매진했던 시대에서 안전과 내실을 챙기는 시대로 전환하는 계기가 된 중대한 사건들이었다. 입사 후 한 선배 기자가 물었다. "어이 수습, 사건과 사고의 차이가 뭐지?" "사건은 규모가 작고, 사고는 규모가 상대적으로 큰 것 아닌가

요?" "그게 아니고, 사람이 개입해서 발생한 건 사건, 사람의 개입 없이 일어난 건 사고야. 예를 들어 살인 사건은 사람이 다른 사람을 죽인 사건인 것이고, 건물 붕괴 사고는 건물이 갑자기 스스로 무너져 버린 사고이지."

그 선배의 정의에 어느 정도 동의하지만, 사건과 사고가 그렇게 칼로 무 자르듯 구분되지는 않는다고 본다. 사건에도 사고적 요소가 있을 수 있고, 사고에도 사건적 요소가 있을 수 있다. 그런 점에서 성수대교 붕괴사고나 삼품백화점 붕괴사고는 사고이면서도 인재라는 점에서 사건이라고도 할 수 있다.

이 두 사고 이후 전체 교량과 건물에 대한 안전점검과 보완조치가 실시됐고, 우리 사회에 안전에 대한 인식이 180도 전환됐다.

삼풍백화점 붕괴 사고 (1995년 6월 29일)

제10화

증인보복
살인사건

불리한 증언 한 증인과
가족들에게 출소 후 무자비한 보복

충격적인 사건사고가 너무나도 많았던 1994년, 시민들은 10월 11일 또 한 번 끔찍한 뉴스를 접해야 했다.

성폭행 혐의로 수감됐던 20대 전과자가 감옥에서 출소한 지 1년이 채 되지도 않아 다시 잔혹한 범죄를 저질렀다. 3년 반 전 성폭행 관련 재판에서 자신에게 불리한 증언을 한 사람들과 가족들을 찾아가 무자비하게 보복한 것이다.

범인은 당시 28살이었던 김경록으로 키가 186센티미터나 되는 거구였다. 피해자들이 느꼈을 공포감도 그만큼 컸을 것이다.

범행 직후 경찰에 지명수배된 김경록

김경록은 먼저 3년 반 전 자신이 일하던 경기도 수원시의 한 공장 여직원을 성폭행했을 때 공장 책임자로 있었던 43살 김만재 씨의 집을 찾아 갔다. 성폭행 재판에서 자신에게 불리한 진술을 한 데 대해 앙갚음을 하기 위해서였다.

김경록은 김만재 씨의 집에서 김 씨의 11살 아들과 이웃집에서 놀러 온 6살 어린이를 살해하고, 김 씨의 부인을 중태에 빠뜨렸다. 이어 4시간 뒤에는 몇 달 전 자신을 강간 혐의로 고소한 20대 여성 김모 씨의 집에 나타나 김 씨 등 2명을 중태에 빠뜨린 뒤 달아났다.

이 사건은 대한민국을 발칵 뒤집어 놓았다. 법정 증인들에 대한 무차별적인 보복은 사법 제도의 근간을 무너뜨리는 일이다. 증인들이 보복 범죄로 희생 당하는 사회에서 누가 위험을 무릅쓰고 증언에 나설 수 있겠는가? 반드시 김경록을 붙잡아 엄벌해야 하는 건 당연했다. 그런데 김경록의 행방은 오리무중이었다. 김경록과 관계가 있던 사람들은 물론이고 그와 일면식도 없는 일반인들도 도망 중인 살인마가 자신의 집안으로 침입하거나 가족들에게 해코지를 하는 일이 벌어지지는 않을지 두려움에 떨었다. 경찰은 대대적인 김경록 검거작전에 나섰다. 수원경찰서에 수사본부를 설치하고 경기경찰청이 수사를 직접 지휘했다. 하지만, 김경록은 쉽사리 꼬리를 잡히지 않았고, 국민들의 불안은 계속됐다.

보도국장의 발제

증인 보복 살인사건이 발생한 지 한 달이 다 돼 가던 일요일에 사회

김경록을 찾기 위해 수색과 탐문을 하고 있는 군과 경찰

부 당직근무를 하고 있었다. 증인 보복사건은 수사에 진전이 없이 늘어지고 있었다. 별다른 속보가 나오지 않아 '9시뉴스' 등에서 주요뉴스로 다뤄지지 않은 지 이미 꽤나 된 상태였다. 그런데, 그날 아침 당시 이00 보도국장이 증인보복사건 발생 한 달이 다 돼 가니 점검을 해보는 차원에서 수사본부와 검문검색 장소, 수색 장소 등 관련 현장들을 취재해 속보 차원에서 9시 뉴스용 리포트를 제작하는 게 어떠냐고 제안했다. 그 임무는 내게 떨어졌다.
경기도 일원을 돌아야 하는 취재라 부지런히 움직였다. 우선 수사본부가 설치돼 있는 수원경찰서 형사과를 찾았다. 그런데 실내에 들어선 순간 직감적으로 뭔가 이상하다는 느낌을 받았다. 평소 같으면 반갑게 취재에 응하던 형사들이 방송기자와 방송용 ENG 카메라의 등장에 왠지 당황하는 듯한 표정을 보이며, 무언가 감추는 게 있는 것 같이 행동하는 것이었다. 수사에 진전이 있느냐고 물었더니, 별다른 진전이 없다고 기계적인 답만 했다.

우연히 만난
경기경찰청장 관용차

수원경찰서를 나와 전체 수사를 지휘하고 있던 경기경찰청으로 향했다 그런데 가는 도중 경찰 순찰차의 에스코트를 받는 검은색 중형 세단을 발견했다. 나는 본능적으로 경기경찰청장의 차량일 것이라고 직감했다. "형님 무조건 저 차를 쫓아가세요." 보도차량 운전기사에게 다급하게 외쳤다. 나는 즉시 휴대전화로 경기경찰청장실

주민에게 김경록 수배전단을 보여주는 경찰관

에 전화해 청장 차의 차종과 번호를 확인했다. 정확히 우리가 따라가고 있는 차량과 일치했다. 잠시 뒤 회사에서 부장의 전화가 왔다. 김경록이 자살한 것 같다는 제보가 있었다는 것이다. 나는 수원서에서 있었던 일과 경기청장 차량을 뒤쫓고 있는 상황 등을 보고하고, 아무래도 사체 발견 지점으로 가는 것 같다며 추가 보고 하겠다고 한 뒤 통화를 마쳤다. 경기청장 차량은 경부고속도로로 진입하더니 성남쪽 인터체인지에서 빠져나와 대기하던 다른 순찰차의 안내를 받으며 몇분 정도 달리고 나서 한 야산 앞에 멈춰섰다. 우리도 차를 세우고 나와 카메라 기자가 청장 일행에게 접근했다. 이수일 경기경찰청장은 황당하고 놀랍다는 표정을 지으며, KBS가 어떻게 알고 여기를 왔느냐고 물었다. 나는 우리도 제보를 받았다고 말했다. 그제서야 이 청장은 웃음을 지으며, 함께 가자고 했다.

야산을 수십미터 정도 올라가자 역겨운 냄새가 스물스물 코끝을 자극하기 시작했다. 시체가 썩어서 나는 냄새였다. 김경록은 목을 매 숨진 채 나무에 매달려 있었다. 눈을 뜬 채였다. 자살한 지 상당한 시일이 지난 듯 시체는 많이 부패돼 있었다. 얼굴이 초콜렛색으로 변해 있었고, 손가락으로 짚으면 얼굴 피부가 케이크처럼 떠질 것 같은 상태였다. 김경록의 키가 186센티미터였는데, 이 시신 역시 그 정도로 키가 컸다. 먼저 현장에 도착해 감식을 한 경찰관들은 유서는 발견하지 못했지만, 시신의 옷 주머니 안에서 김경록의 신분증을 발견했다고 설명했다.

나는 곧바로 회사에 전화를 걸어 김경록 자살과 시신 발견을 요지로 하는 짧은 단신 기사를 불러주었다. 회사는 KBS뉴스 속보 자막과 함께 이 소식을 1보로 전했다. 이른바 발생 뉴스 특종이었다. 현장에서 경기경찰청장 인터뷰와 추가 취재 등을 마치고 회사로 돌아가는데, 반대쪽 차선에서 다른 언론사 차량들이 그제서야 경광등을 반짝이며 속속 현장으로 진입하는 모습이 보였다. 내 얼굴에는 흐뭇한 미소가 흘렀다.

김경록의 자살 현장에서 필자와 단독 인터뷰를 하는 이수일 경기경찰청장

〈제3장〉

기자로서 보람을 느끼게 해 준 '기획보도'들

제11화

대형 가스폭발 사고의
예고편이 된 지하공간 취재

발생 뉴스 취재와 기획 취재

방송사 사회부 기자는 본인이 출입하는 경찰서 관내에 사건사고가 발생하지 않으면, 기획 취재 아이디어를 내야 한다. 발생 사건을 신속하고 정확하게 보도하는 것도 중요하지만, 기획 취재를 잘하는 것도 매우 중요하다. 굵직한 발생 뉴스가 많지 않은 날에는 '현장추적 1234' 같은 힘 있는 기획 뉴스로 9시 뉴스를 이끌어 줘야 하기 때문이다. 특히 대형 특종은 모든 언론사 기자들이 매달려서 취재하고 있는 발생사건 보도에서 보다는 한 기자가 단독으로 취재한 기획리포트에서 나오는 경우가 많기 때문에 기획취재를 잘 하는 기자들은 사내외에서 나름 상당한 인정을 받는 경우가 많다.

방송사에서 취재기자를 평가할 때 발생사건에 대한 신속하고 정확하며, 매끄러운 취재와 보도가 60점이라면 중량감 있는 기획취재와 보도도 40점 정도의 만만치 않은 비중을 가진다고 할 수 있다.

사회부 기자들은 기획 취재를 위해 평소에 이른바 영양가 있는 취재원들과 긴밀하게 소통하며, 관계를 유지한다.

기획 아이디어는 크게 3가지 경로에서 나온다.

첫 번째 경로는 주요 취재원들의 제보 또는 아이디어나 정보 제공을 통해 이뤄지는 기획 취재이다. 예를 들어 사회부 기자들의 주요 취재원인 경찰서의 베테랑 형사나 반장, 계장, 형사과장, 수사과장 등은 수사 과정이나 경험을 통해 많은 정보를 습득하고 있다. 이들은 종종 친한 기자들에게 정보를 제공하거나 기획 보도가 가능한 아이디어를 제공한다. 사회부 기자들은 이런 정보를 받기 위해 경

고발성 기획리포트를 주로 내보냈던 9시 뉴스의 '현장추적 1234'

찰관들과 밥과 술자리를 같이 하며, 긴밀한 관계를 유지한다. 경찰관 말고도 다른 취재 때문에 만났던 제보자 등 다양한 취재원들이 있으며, 우수한 기자들은 대부분 취재원들 관리에 능하다.

두 번째 경로는 시청자 제보다. KBS 사회부의 경우 전국의 시청자들로부터 많은 제보가 들어온다. 유익한 제보도 있고, 때로는 엉터리 제보도 있다. 장난전화를 하는 경우도 있고, 제보 전화인 줄 알고 전화를 받았다가 다짜고짜 욕을 하는 바람에 곤욕을 치르는 경우도 있다. KBS 사회부 제보철에는 제보 전화를 받은 근무자들이

요약해서 적어 놓은 제보 내용이 빼곡하다. 이 제보철을 잘 활용하면, 큰 특종을 할 수 있다. 제보철 활용 능력이 A급 기자와 B급 기자를 구분해 주기도 한다. A급 기자는 제보 중에 영양가 있는 제보를 잘 찾아내 특종을 하지만, B급 기자는 제보가 신빙성이 있는지 여부부터 잘 판단하지 못하고, 자신이 없어서 대부분의 제보를 무시해 버린다. 사회부 기자들은 사무실에서 근무하는 내근이 걸린 날이 아니면 아침에 회사로 출근하지 않고, 곧바로 자신이 담당하는 경찰서 기자실로 출근했다가 저녁 때 회사로 들어간다. 회사에 들어가면 9시 뉴스나 아침 뉴스 리포트가 잡혀 있는 사람들은 리포트 원고를 작성하고, 리포트에 활용할 그래픽이나 화면을 만들거나 자료를 구하기 위해 동분서주한다. 그날 리포트가 잡혀 있지 않은 기자들은 취재원들과 저녁 자리를 하기 위해 일찍 회사를 나간다. 미리 회사에 보고한 뒤 아예 회사로 복귀하지 않고, 저녁 자리로 가는 기자들도 있다. 저녁 자리가 없는 기자들은 회사 구내식당에서 간단히 저녁을 먹고 제보철을 뒤진다. 쓸만한 제보가 있으면 본인이 취재하겠다고 표시해 놓은 뒤 주요 내용을 숙지하고, 제보자와 통화해 제보 내용이 사실인지 좀 더 확인해 본 다음, 기사 거리가 된다는 확신이 들면 제보자와 만나기로 약속을 잡는다.

마지막 취재 경로는 말 그대로 본인 스스로 기획하는 것이다. 이런 기획은 발생 뉴스를 다루다가 관련된 아이디어가 떠올라서 하기도 하고, 평소에 다른 기사를 읽거나 TV 프로그램을 보다가 또는 생활 속에서 불편을 느껴 기획 취재감으로 염두에 두었던 것들을 실행에 옮기는 방식으로 이뤄지기도 한다.

잇따르는 지하 매설물 사고에 지하공간 기획 취재 결심

1994년 3월 10일 서울 종로의 [6]지하공동구에 대형 화재가 발생해 서울 시내 주요 통신망이 마비된 일이 있었다.

당시 사고는 우리가 딛고 있는 땅 밑에 어마어마하게 많은 케이블과 관들이 매설돼 있고, 보이지 않는 지하공간에서 불의의 사고가 발생할 경우 우리 생활에 상상을 초월하는 불편과 피해를 부를 수 있다는 사실을 처음으로 일깨워 줬다.

94년 10월부터 마포라인(마포, 서대문, 은평경찰서 관내 취재)을 담당했던 나는 굴착기(포크레인) 기사가 버킷으로 땅 파는 작업을 하다가 가스관을 건드려 화재와 폭발이 발생했다는 기사를 보고 나서 지하 시설물 관리 체계와 관련한 기획취재를 해보기로 마음먹었다.

현장을 취재해 보니 지하공간의 정리 상태는 예상대로 엉망이었다.

지하 시설물의 안전사고를 막기 위해서는 무엇보다 거미줄처럼 엉켜 있는 지하 시설물들의 정확한 위치 정보를 담은 도면이 필수적이지만, 종합적인 정보를 담은 도면은 아예 존재하지 않았다. 한국전력과 가스공사, 한국통신 등이 각자 자기들이 매설한 케이블이나

6) 지하에 가스관과 수도관, 전기와 전화 케이블관 등 각종 관로가 공동으로 통과하는 대형 지하시설물

서울 종로구 지하공동구 화재 (1994년 3월 10일)

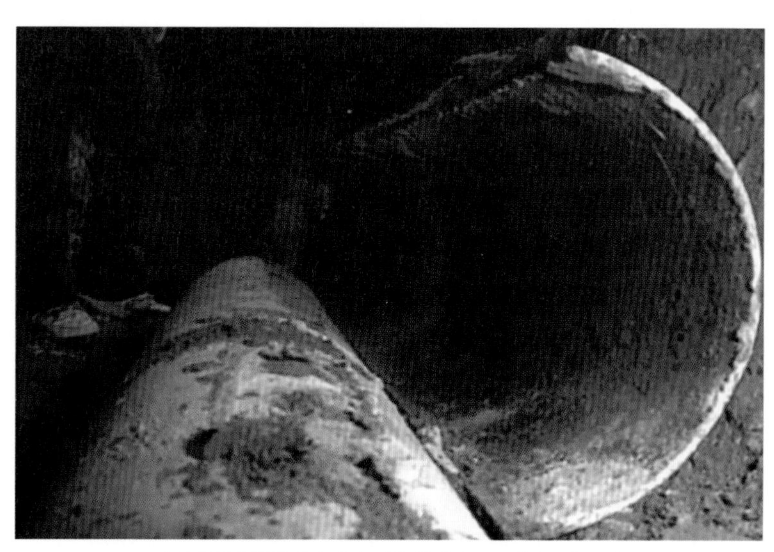

가스관 위에 반쪽짜리 깨진 관을 형식적으로 덮어 놓은 모습

가스관 매설 상태를 확인하기 위해 관계자들과 땅을 파는 모습

가스관 등에 대한 도면을 따로 갖고 있을 뿐이었다.
이들이 각각 보유하고 있는 도면의 정보도 엉터리가 많았다. 안전 문제 때문에 가스관의 경우 최소 지면에서 60센티미터 이상 깊이로 묻어야 하지만, 20센티미터도 채 안 되는 깊이로 묻고 대충 흙으로 덮은 곳이 부지기수였다. 땅을 깊이 팔수록 공사기간이 길어지고 공사비가 더 들어가기 때문에 벌어지는 일이었다.
상황이 이러니 규정대로 지면으로부터 60센티 밑에 관이 있을 거라 생각하며 안심하고 굴착기로 땅을 팠다가 가스관을 건드리거나 케이블을 파손하는 사고가 하루가 멀다 하고 발생했다.
수도관 등 다른 관과 가스관이 만나는 지점에선 다른 관을 건드리려다가 가스관을 건드리는 일을 방지하기 위해 반드시 가스관에 보호관을 씌우도록 되어 있다. 하지만 이 규정대로 처리한 곳 역시 거의 없었다.

지하공간 기획 보도 다음날 터진 아현동 가스관 폭발 사고

이런 취재 내용을 바탕으로 94년 12월 6일 9시 뉴스에 지하공간이 위험하다는 나의 기획 리포트가 방송됐다. 그런데 이게 무슨 운명의 장난이었을까? 바로 다음날 서울 아현동에서 지하에 묻혀 있던 대형 가스관에서 누출된 가스가 폭발해 일대를 아수라장으로 만든 끔찍한 사고가 발생했다.
폭발 순간 대형 폭탄이 터지는 듯한 엄청난 폭발음과 함

서울 아현동 가스폭발사고 (1994년 12월 7일)

께 불기둥이 50미터 가까이 치솟았다. 주변 가옥 140여 채가 전소되거나 파손됐다. 일부 건물은 균열이 생기고 뒤틀어지기도 했다. 차량도 17대가 불에 타는 등 90여 대가 파손됐으며, 폭발 현장 반경 3백 미터 안에 있는 빌딩들의 유리창 백여 장이 폭발에 의한 충격으로 깨졌다. 엄청난 화염으로 인해 아현동과 공덕동, 만리동, 충정로, 노고산동 일대가 검은 연기와 유독가스로 뒤덮였다. 이 사고로 12명이 사망하고, 101명이 다쳤다. 78억여 원에 달하는 재산피해도 났다.

비극적인 사고를 놓고 이런 얘기를 하는 건 적절치 않을 수도 있지만, 아현동 가스폭발 사고는 TV뉴스의 위력을 유감없이 보여준 사고였다. 50미터 가까이 치솟은 불기둥을 헬기로 촬영한 화면은 영화에나 나올 것 같은 충격적인 사고 현장 상황을 생생하게 전달했다. 따로 말로 설명할 필요조차 없었다. 신문기자들이 아무리 잘 묘사해서 기사를 쓰더라도 사고 현장을 헬기 촬영 영상보다 생생하게 전달할 수는 없었다. 이런 현상을 반영하듯 TV 뉴스 시청률이 엄청나게 치솟았다. 아현동 가스폭발 사고는 언론시장의 주도권이 신문에서 TV뉴스로 넘어가는 계기가 된 사건사고 중 하나였다. 시선을 확 잡아당기는 영상이다 보니 사고 당일부터 수일 동안 불기둥 장면이 TV뉴스에 반복적으로 등장했다. 사고가 수습돼 가고 있던 어느 날 회사 상층부에서 지침이 내려왔다. 불기둥 장면이 너무 자극적이니 아현동 가스폭발 사고 관련 보도라 하더라도 불기둥 장면을 빼고 편집을 하라는 내용이었다. 정부쪽에서 각 방송사에 부탁을 했다는 뒷얘기가 들렸다.

전쟁터처럼 폐허가 된 가스폭발현장 일대의 모습

가스폭발 사고 며칠 뒤, 공원이었던 사고 현장에서 희생된 사람들의 시신이 발굴됐다. 난 아직도 그 시신들을 처음 본 순간 느꼈던 충격과 참혹함을 생생하게 기억하고 있다. 가스 폭발과 함께 생겨난 엄청난 불기둥에 당시 공원에 있던 사람들은 순식간에 새까맣게 타버렸고 공중으로 치솟았다가 잔해들과 함께 땅에 매몰됐다. 발굴된 시신들은 새까만 숯이 되어 있었다. 놀라운 건 발굴된 어른 시신들이 5~60센티 정도밖에 안돼 보일 정도로 작았다는 점이었다. 사람 몸의 60%가 수분이어서 고열에 수분이 날아가 버리면 사람 몸이 상상을 초월할 정도로 작게 수축된다는 사실을 실증적으로 알게 됐다. 사고 당시 공원에는 젊은 엄마와 아기도 산책 중이었는데, 숯이 돼 버린 모자의 모습을 보고, 눈시울이 뜨거워졌다.

아현동 가스폭발 사고는 공교롭게도 전날 나간 내 보도가 대형 사고의 예고편이 되어버린 셈이 됐다. 내 기획보도에서 가스관이 규정대로 매설되지 않아 위험하다며, 가스관에 대한 언급을 많이 했기 때문이다. 이 때문에 가스폭발 사고 당일 9시 뉴스에는 '어제 9시 뉴스에서 보도했습니다만...'이라는 앵커의 언급과 함께 전날 내 보도가 다시 언급됐다. 물론 아현동 사고는 지하도면 부실로 인해 일어난 사고는 아니었지만, 이 사고를 계기로 지하공간 도면이 정비되는 등 지하시설들과 관련한 많은 개선이 이뤄졌다. 위험한 대형 가스관을 도심 밖으로 우회시키는 작업도 이뤄졌다. 사고가 나고 희생자가 생긴 건 유감이었지만, 뒤늦게라도 지하시설이 정비된 건 다행스러운 일이 아닐 수 없었다.

당시 기획취재 중 안쓰러운 에피소드도 있었다. 지하 가스관 매설 상황을 취재하기 위해 서울의 한 구청 관내의 가스관 매설지를 굴착기를 동원해 파봤는데, 예상대로 매설 상태가 법규와는 거리가 멀었다. 60센터미터 깊이 규정도 전혀 지켜지지 않았다. 그런데, 그 다음날 부장이 날 잠시 보자고 했다. 얘기를 들어보니 문제의 가스관을 관할하는 구청의 고위 관계자가 밤늦게 부장이 사는 아파트까지 찾아와 보도에서 제발 자기네 구청 이름을 밝히지 말아 달라고, 빌고 갔다는 것이었다. 부장은 꼭 장소를 밝혀야 할 필요가 없다면 장소는 빼주었으면 좋겠다며 내 의견을 물었다. 한밤중에 아파트 앞에서 기다리다가 엘리베이터까지 함께 타고 올라가며 사정하는 구청 관계자가 너무 딱해 보였다는 것이었다. 나는 기획리포트의 취지가 특정지점의 문제점을 부각하려는 것이 아니라 지하 관매설 실태가 지역 불문하고 전반적으로 문제라는 걸 지적하려는 것이니 부장의 의견을 감안해 구체적인 장소는 밝히지 않겠다고 했고, 실제 방송에서도 약속을 지켰다.

제12화

과장광고로 폭리 취하던 '돌침대'

시경캡이 준 첫 기획취재 미션

사회부 경찰 기자가 된 지 얼마 지나지 않은 어느 날 서울시경에 출입하는 일명 시경캡 선배가 돌침대와 관련한 내용이 담긴 종이 쪽지를 줬다. 한번 취재해 보라는 뜻이었다. 그때까지 일명 [7]단신 기사를 써 보고 발생 사건에 대한 방송 리포트는 해봤지만, 기획 취재는 한 번도 해보지 않은 상태였다. 사실 돌침대는 신문 광고를 보기는 했지만, 실물로는 한 번도 본 적이 없는 생소한 침대였다.

캡이 준 쪽지에는 서울 강남에 있는 무허가 돌침대 제조업체의 주소가 적혀 있었다. 아마 내가 당시 [8]강남라인 소속이어서 내게 주었을 것이다. 내 라인에서 발생하는 사건사고들을 챙기면서 틈틈이 돌침대에 대해 알아봤다. 돌침대는 당시 시판된 지 얼마 안 되는 새로운 상품이었는데, 온돌방처럼 따뜻하고 바닥이 단단해서 디스크 치료나 완화에 도움을 준다고 대대적으로 선전하고 있었다. 또 돌에서 원적외선이 나와 건강에 매우 좋다면서 개당 2~4백만 원의 고가에 판매하고 있었다. 돌침대의 구조와 특징 등에 대해 파악해

---

7) 단신 기사는 신문기사와 비슷한 단순한 기사이다. 방송 리포트는 'KBS뉴스 000입니다'로 끝나는, 방송기자 본인이 기승전결 형태로 원고를 작성하고 본인 목소리로 녹음한 뒤 오디오와 비디오 편집을 거쳐 완성하는 뉴스 제작물을 일컫는다. 보통 방송 리포트 한 편의 길이는 1분 20~30초 정도이다.

8) 언론사 사회부에서 서울의 서초, 강남, 송파, 강동경찰서 등 4개 경찰서를 출입처로 하면서 이들 경찰서 관할 지역의 사건사고 등을 담당하는 취재팀.

90년대 돌침대 매장

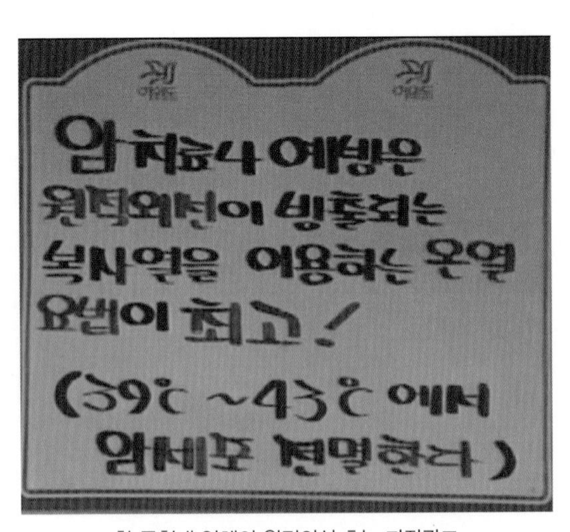

한 돌침대 업체의 원적외선 효능 과장광고

보고, 문제의 무허가 업체의 위치 등도 확인했다. 어느 정도 예비취재를 마친 뒤 본격적인 취재에 들어갔다. 우선, 돌침대 업체들이 자랑하는 원적외선에 대해 전문가들의 견해를 들었다. 최태섭 요업기술연구원 연구사는 원적외선은 사실상 모든 물체에서 자연 방출되고, 인체에 미치는 영향은 아직 검증되지 않은 상태라고 설명해 주었다.

돌침대는 전기로 돌을 달구기 때문에 감전이나 화재 등의 사고가 날 수 있어서 안전기준이 엄격해야 하지만, 당시 시중에서 판매되던 20개 제품 중에 당국의 제품 생산 허가를 받은 것은 5개 업체 제품에 불과했다. 품질인증 큐마크를 받은 건 단 한 개 업체 뿐이었다.

3~4백만 원 돌침대 제조 원가는 10여만 원에 불과

외곽 취재를 마친 뒤 캡이 주소를 알려준 무허가 돌침대 제조업체를 직접 찾아가 취재했다. 사실 이 지면을 빌려 반성해야 할 것이 조금 있다. 90년대 중반까지만 해도 일반 시민들은 언론 관련 지식이나 정보를 많이 갖고 있지 않았다. 또 언론 관련 법률들도 잘 정비돼 있지 않았다. 그렇다보니 기자로서 취재할 때 시민들의 인권을 보호해 주지 못한 적이 종종 있었다. 물론 일반적인 시민들의 인권은 존중하고 보호해 주려고 노력했지만, 불법적인 일을 하고 있는 사람들에 대해서는 보호 노력을 덜했던 것 같다. 요즘 같으면 있을 수 없는 일이겠지만, 당시에는 그런 게 취재 관행이었다. 연세가 조금 있으신 분들은 과거 KBS 9시 뉴스의 '현장추적 1234' 코너나 MBC 뉴스데스크의 '카메라 출동' 코너에서 불법적인 일을 하는 곳을 취재진이 들이닥치면, 현장에 있던 사람들이 얼굴을 가리고 도망치는 장면들을 기억하실 것이다. 고발성 취재에선 그런 일이 다반사로 벌어졌다. 우리가 찾은 돌침대 제조업체도 무허가 업체라는 이유로 우리 취재팀이 마치 수사기관에서 온 것처럼 들이닥쳐서 방송용 ENG카메라로 별다른 제지 없이 촬영하고, 녹취도 땄다. 업체 직원들은 죄인처럼 무방비 상태에서 촬영과 인터뷰에 응했다. 당시에는 초상권 같은 권리에 대한 인식이 거의 없다 보니 그런 일이 벌어졌다. 너무 늦었지만, 당시 현장에 계셨던 분들에게 이제라도 사과드린다.

무허가 제조업체의 실내는 조잡했다. 생각보다 넓지도 않았고, 값비싼 고급 제품을 만드는 곳이라는 생각은 전혀 들지 않는 환경이었다. 부품이나 재료는 대부분 저급한 중국산이었는데, 원가가 얼마인지 알아보고 깜짝 놀랐다. 당시 아무리 작은 싱글 돌침대도 시중에서 150만원 이상에 팔리고 있었고, 비싼 건 400만원을 넘나들고 있었는데, 더블 사이즈 돌침대의 생산 원가가 12만원 정도 밖에 안 된다고 했다. 엄청난 폭리를 취하고 있는 것이었다. 돌침대가 시중에서 계속 팔릴 물건이라면, 차라리 당국이 개입해 안전 관리를 강화하고, 가격이 합리적으로 떨어질 수 있도록 유도하는 게 낫겠다는 생각이 들었다.

다행히 내 첫 기획 보도인 '엉터리 돌침대'는 9시 뉴스에 잘 나갔다. 시청자들의 반응도 돌침대에 대해 궁금한 게 많았는데 보도내용이

유익했다는 긍적적인 쪽이었다. 시경캡도 '생각보다 잘 취재했던데'라며 칭찬해 주었다. 돌침대 보도는 내가 이후 기획 뉴스 부분에서 좋은 기사를 많이 발굴하고, 유익한 리포트를 만들어 내도록 길을 닦아준 '비교적 잘 디딘 첫걸음'이었다고 생각한다.

서울 강남지역에 있던 무허가 돌침대 제조업체의 내부 모습

제13화

어린이 위협하는 전기 콘센트

11자에서 돼지코로 바뀐 전기 콘센트

우리나라의 전기 콘센트는 돼지코처럼 동그란 구멍이 두 개 뚫려 있는 모양이다. 과거에 생활용 전기의 전압이 110볼트였을 때는 미국과 같은 11자형 콘센트였다가 생활용 전압이 220볼트로 높아지면서 현재의 형태로 바뀌었다.

그런데 생활 전압이 2배로 높아지고 전기 콘센트의 구멍이 커지고 난 뒤부터 끔찍한 일이 생겨나기 시작했다. 유아들이 쇠젓가락을 가지고 놀다가 콘센트 구멍에 젓가락을 찔러 넣어 감전되는 사고가 종종 일어났다. 생활전압이 110볼트일 때는 11자 콘센트여서 구멍이 비교적 좁아 젓가락이 잘 들어가지 않았고, 전압도 상대적으로 낮아 피해가 크지 않았다. 하지만 220볼트로 전압이 높아진 뒤로는

콘센트

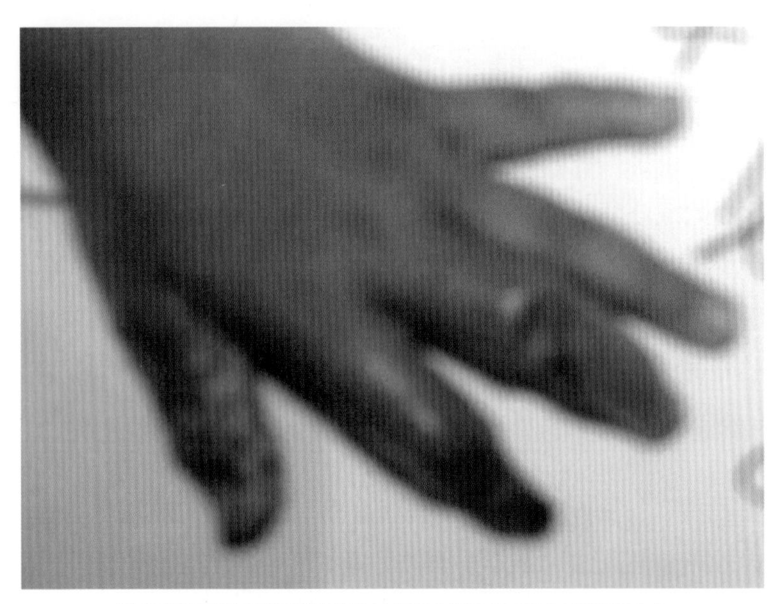

전기안전공사의 감전 위험 안내 포스터와 실제 사고가 난 어린이의 손

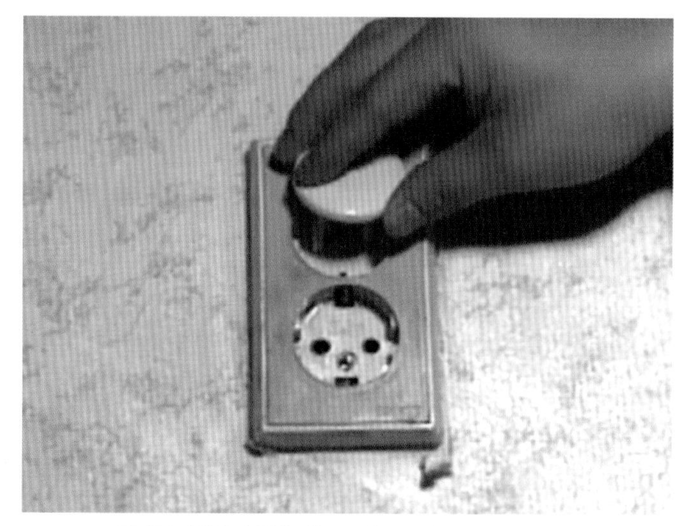

전기를 사용하지 않을 때는 콘센트를 막을 수 있는 안전캡

콘센트 구멍이 커져 젓가락을 꽂는 아이들이 많아졌고, 높아진 전압 탓에 피해도 커졌다. 심할 때는 어린 아이들의 손가락이 타버리는 일까지 벌어졌다. 너무나도 안타깝고 끔찍한 일이었다. 제보를 받고 취재를 할 때 피해 어린이들의 사진을 보고 눈물이 핑 돌아 그만 눈을 감아 버리고 말았다. 너무 마음이 아파서 이왕 취재에 나서는 김에 앞으로 이런 일이 다시는 일어나지 않도록 반드시 대책을 마련해야겠다는 사명감이 생겼다.

합선을 막아라!

전기는 합선이 됐을 때 감전이 된다. 그래서 아이들이 젓가락으로 콘센트 구멍 한 곳만을 찔렀을 때는 감전되지 않는다. 그런데 젓가락 두 짝으로 두개의 구멍에 모두 찔러 넣는 순간 합선이 일어나면서 순간적으로 220볼트 전압의 전류가 아이의 몸에 전달돼 젓가락을 잡고 있던 연약한 손가락이 타버리게 되는 것이다.
이런 사고를 막기 위해서는 물론 가장 먼저 아이들이 쇠젓가락으로 장난을 놀지 못하게 해야 한다. 하지만 아이들을 완벽하게 통제할 수 없다면 다른 방법도 강구돼야 한다. 콘센트에 안전장치들을 추가해 설혹 아이들이 쇠젓가락을 콘센트 구멍에 꽂더라도 감전사고가 나지 않도록 하는 것이다. 콘센트에 스위치를 달고 사용하지 않을 때는 스위치로 전기를 차단해 콘센트에 전기가 통하지 않도록 하는 게 한 가지 방법이다. 비슷한 방법으로 콘센트를 사용하지 않을 때는 캡을 씌워 구멍을 모두 막아둘 수도 있다. 두 개의 구멍 중 한 곳에 젓가락을 꽂으면 다른 구멍이 자동으로 닫히도록 해 젓가락을 두 구멍에 꽂을 수 없도록 하는 것도 좋다. 플러그를 꽂을 때처럼 두 개의 구멍에 동시에 꽂힐 때만 전기가 통하도록 만드는 것이다. 아이들은 보통 한 개 젓가락을 콘센트에 꽂고, 다른 젓가락도 다른 구멍에 넣으려고 한다. 젓가락 두 개를 들고 동시에 각각 다른 콘센트 구멍에 꽂는 경우는 거의 없다.

이런 내용들을 잘 정리해서 9시 뉴스에 기획 리포트로 보도했다. 방송이 나간 뒤 시청자들의 반응이 매우 뜨거웠다. 피해 아이들을 보고 충격을 받았다는 분들이 많았다. 대책 마련이 시급하다는 목소리도 많았다. 사회적 관심이 커지자 정부 당국도 빠르게 움직였다. 보도가 나간 뒤 얼마 되지 않아 모든 전기콘센트에 안전장치를 의무화하는 당국의 조치가 이뤄졌다. 영향력 있는 공영방송의 방송기자가 됐다는 게 어느 때 보다 뿌듯했던 순간이었다.

제14화

'운전면허증' 팝니다

내근 중 걸려온 운명의 제보전화

다사다난했던 1994년이 막바지로 치닫던 12월 하순의 어느 날이었다. 사회부 내근이 걸려 회사에서 근무하고 있는데, 제보전화 한 통이 걸려왔다. 경기도 안산시에 있는 안산운전면허시험장에서 금품수수와 부정행위가 벌어지고 있다는 내용이었다. 처음에는 긴가민가했지만, 이것저것 점검차원에서 물어보니 무언가 그곳에서 이상한 일이 벌어지고 있는 건 사실인 것 같았다. 그로부터 며칠 뒤 안산면허시험장 근처에서 제보자를 만났다.

90년대 경기도 안산운전면허시험장의 전경

제보자는 시험장 안에서 벌어지는 일들을 속속들이 알고 있었다. 상세한 설명을 들으면서 그의 말이 사실임을 확신할 수 있었다. 본격적인 취재와 촬영에 대비해 면허시험장 내부 구조와 주변 지리 등을 면밀하게 파악했다.

"잡았다. 잡았어!"

며칠 뒤 정식 취재팀을 구성해 현장을 찾았다. 방송용 ENG 카메라와 망원렌즈, 소형 몰래카메라도 준비했다. 날은 해가 바뀌어 1995년 1월 초순이었다. 한겨울 맹추위가 살갗을 에는 듯 했지만, 잘하면 대어를 낚을 수 있다는 기대감 때문인지 마음은 한껏 달아올랐

안전요원 대기소에서 지갑의 현금을 꺼내 보여주는 수험자

다. 우리는 며칠 전에 봐두었던 인근 야산으로 이동했다. 면허시험장이 훤히 내려다 보여 촬영에 용이한 곳이었다. 후배 촬영기자 장00 씨가 ENG 카메라에 망원렌즈를 장착하고 촬영에 들어갔다. 제보자가 "저기 돈 주네! 또 준다."라고 외쳤지만, 장 기자는 돈이 오가는 짧은 순간을 포착하지 못하고 있었다. "어디요 어디?"라는 말만 되뇔 뿐이었다. 그러기를 반복하면서 30분 이상을 허비했다. 돈이 건네지는 메커니즘을 몰라 길목에서 기다리지 못하고 동선을 따라다니다 보니 결정적 장면들을 계속 놓치는 것이었다. '이러다가 **스모킹 건**(총알을 발사해 연기가 나는 총과 같은 결정적 증거)을 단 한 컷도 못 잡는 것 아닌가'하는 불안감과 초조감이 들기 시작할 때쯤 "잡았다. 잡았어!" 장○○ 기자의 흥분된 목소리가 터져 나왔다.

안전요원 대기소에서 현금을 꺼내보이는 수험자

돈을 주기로 한 수험자에게 바퀴가 선에 닿지 않도록 코치하는 안전요원

시험차량에 타고 내리면서 돈을 주고받는 수험자와 안전요원

첫 포착이 어려웠지, 다음부터는 수월했다. 장 기자는 잇따라 좋은 장면을 잡아냈다. "어 또 잡았다. 야 저건 진짜 노골적이네!" 연속적으로 벌어지는 놀라운 장면들에 촬영기자 스스로 빠져들고 있는 것 같았다. 야외 대기실 안에서 은밀하게 이뤄지는 시험 응시자와 안전요원 사이의 부적절한 대화와 행동, 이어지는 검은 거래, 그리고 실제 부정행위. 이 추악한 사이클을 제대로 간파하고, 사이클에 따라 길목을 지키면서 촬영하니 단계별로 추악한 행동들이 고스란히 ENG 카메라에 녹화됐다. (망원경을 갖고 있지 않아서 나도 현장에선 불법적인 거래 장면을 볼 수 없었는데, 망원렌즈로 촬영된 영상을 나중에 보면서 나 역시 충격을 받았다. '어떻게 이렇게 노골적인 현금 거래와 부정행위가 백주대낮에 버젓이 벌어질 수 있단 말인가?')

돈 받고, 시험 중 노골적으로 코칭하는 안전요원들

대표적인 장면은 안전요원과 시험 응시자가 대기실에서 대화를 나누다가 응시자가 자기 주머니에서 현금을 꺼내 보여주는 것으로부터 시작된다. 이어 응시자가 시험용 버스에 올라 코스시험을 시작한다. 그러자 직전에 응시자와 대화를 나눴던 안전요원이 마치 운전학원 강사처럼 "왼쪽으로. 그만 스톱. 이제 오른쪽으로"라면서 큰 소리로 운전석에 앉아 있는 응시자에게 코치를 한다.
코치를 받은 응시자는 선을 밟지 않고 무난히 코스시험에 합격하게 된다. 응시자는 합격한 대가로 현금을 운전석 옆에 슬그머니 놓고 내린다. 차량을 원래 위치로 이동시키기 위해 운전석으로 올라간 안전요원은 운전석에 앉자마자 허리를 숙여 조금 전 응시자가 내려놓고 간 현금을 집어 챙긴다.

역시 코치를 받아 시험을 무사히 마친 또 다른 응시자가 시험용 차량에서 내리고 안전요원이 시험용 차량을 제자리에 갖다 놓기 위해 차량에 올라타는 순간 손에서 손으로 직접 현금을 전달하는 노골적인 장면도 포착됐다.

어떤 응시자는 돈을 전달할 기회를 놓쳤는지, 안전요원에게 달려가 공개적으로 돈을 주려했다. 그러자 안전요원이 아무래도 공개적으로 받기는 찜찜했는지 대기실로 가라고 눈짓을 한다. 잠시 뒤 예상대로 대기실 안에서 돈이 전달됐다.

돈 거래 약속을 하지 않은 응시자들은 말 그대로 찬밥신세였다. 시험이 진행되는 동안 안전요원들은 코칭은 커녕 눈길조차 거의 주지 않았다.

조직적인 비리...
월등히 높은 합격률

이런 생생한 범죄 장면들을 충분히 포착한 뒤 우리 취재팀은 면허시험장 안으로 진입했다. 때로는 소형 몰래카메라로, 때로는 ENG 카메라와 무선 마이크의 공조를 통해 안산면허시험장의 충격적 실태에 대해 고발하는 많은 인터뷰를 확보할 수 있었다.

시험장 내부를 취재하면서 새로운 사실도 하나 둘 알게 됐다. 우선, 안산면허시험장의 금품수수 비리가 매우 조직적으로 이뤄지고 있었다는 사실이 드러났다. 시험장 책임자 등 공무원들의 묵인이나 비호가 없이 계약직 안전요원들이 공개된 장소에서 금품을 매개로 거래를 하고, 공공연히 큰 소리로 응시자들에게 운전 코치를 하는 건 불가능한 일이었다. 놀랍게도 안산면허시험장에서 돈을 주고 쉽게 면허를 딸 수 있다는 건 이미 공공연한 비밀이었다. 다른 면허시험장보다 월등히 높은 50%의 합격률을 자랑하고 있었고, 서울을 비롯해 전국 방방곳곳에서 쉽게 면허를 따려는 응시자들이 입소문을 듣고 안산시험장으로 속속 몰려들고 있었다.

단가도 알게 됐다. 보통 5만원이었고, 감사 표시로 10만원을 주는 경우도 있었다. 건당 평균 5만원씩만 잡아도 하루에 수백만원의 돈이 오가고 있을 것으로 추정됐다. 여기에 조금 더 특별한 거래도 이뤄지고 있었다. 함정 취재로 안전요원 한 사람을 접촉했더니 나를 면허시험 응시자인 줄 알고 놀라운 제안을 했다. 코칭 정도가 아니라 아예 100% 합격을 보장해 주는 거래도 있다고 했다. 이 경우에는 단가가 올라가는데, 코스시험은 30만원, 조금 쉬운 주행시험은 30만원에서 20만원 사이의 액수를 주면 된다고 했다.

안산면허시험장에는 다른 시험장에는 없는 게 또 하나 있었다. 거대한 장벽이었다. 대개 운전면허시험장은 가벼운 울타리 정도만 있는 개방적인 구조여서 시민들이 접근하기 쉽게 되어 있다. 하지만 안산시험장은 둘레에 2미터 높이의 장벽이 세워져 있어서 인근의

외부인이 내부를 잘 볼 수 없도록 담장을 높게 친 안산면허시험장

높은 건물이나 야산에 올라가지 않으면 시험장 안을 전혀 볼 수가 없게 되어 있었다. 내부에서 이뤄지는 부정행위를 철저히 감추기 위해 만들어진 특별 차단막으로 추정되는 시설물인데, 역시 시험장 고위층들도 연루된 조직적인 범죄임을 암시하는 대목이기도 했다.

'부동산 실명제' 보도에 밀린 게 '전화위복'

사실 이날 시험장 고위층까지 인터뷰를 해볼까 하는 생각도 있었다. 그러나 내 취재 경험에 따르면 고위층을 공개 인터뷰할 경우, 그들에게서 나오는 답은 별로 영양가가 없다. 곧바로 상부 기관인 경찰청으로 보고가 올라가고, 그다음부터는 기사를 빼거나 물타기를 하기 위한 집요한 로비와 취재 방해 등이 이어지는 게 대부분이다. 그래서 이번에는 아예 경찰이 전혀 눈치채지 못한 상태에서 기습적으로 방송을 내보내기로 마음먹었다.

이 작전은 대성공이었다. KBS가 안산면허시험장 비리를 취재했다는 사실은 경찰과 정부 고위층에 전혀 보고되지 않았다. 이 때문에 방송이 나가기 전에 경찰이나 정부 측으로부터 어떤 로비도 받지 않았다.

9시 뉴스 원고가 완성돼 보도본부장과 보도국장 등에게 주요 내용이 보고되고 보도국 주변에 대형 특종이라는 소문이 나자 보도국 지휘부는 흥분하기 시작했다. 편집회의에서 9시 뉴스 톱으로 내보내기로 했고, 시간도 3분 30초나 할애됐다. 당시 9시 뉴스 한 개 방송 리포트의 평균 길이가 1분 20초 정도였기 때문에 3분 30초는 대단한 시간이었다. 그런데, 변수가 생겼다. 청와대가 이날 부동산 실명제를 전격 발표한 것이었다. '금융실명제'와 '하나회 척결' 등을 전격적으로 단행했던 김영삼 정부 청와대가 또 하나의 대형 개혁 조치로 부동산 실명제 실시를 발표하면서 부동산 실명제 도입을 포함한 6대 국정 개혁과제를 제시한 것이다. 부동산 실명제는 국민들에게 미치는 영향이 워낙 큰 발생 뉴스였기 때문에 9시 뉴스에 톱으로 내보내지 않을 수 없었다.

아마도 청와대도 부동산 실명제 도입 뉴스가 톱으로 나갈 것으로 기대하고 있었고, 그렇게 나갔으면 좋겠다고 로비를 했을 수도 있다고 본다. 어쨌든 보도국장이 사회부장을 통해 내게 양해를 구했다. 내 리포트를 9시 뉴스 톱으로 내보내려 했으나 편집회의 결과 부동산 실명제를 톱으로 내보내기로 최종 결정했다는 내용이었다. 개인적으론 아쉬움이 컸지만, 어쩔 수 없는 일이라 별 방법이 없었다. 그런데 결과적으로 전화위복이 됐다. 부동산 실명제 실시 소식에 대한 관심 때문인지 그날 전반적인 뉴스 시청률이 높았고, 김영삼 대통령도 부동산 실명제 도입 등 6대 개혁과제 관련 소식이 어떻게 나가는지 보려고 9시 뉴스를 지켜봤다.

9시 뉴스 시작 타이틀이 끝나자 이윤성 앵커는 본뉴스를 시작하기 전에 '오늘 KBS가 면허시험장의 금품수수 비리를 특종 취재했다'며, 이 소식을 잠시 뒤에 전해드리겠다고 예고했다. 부동산 실명제 관련 소식이 나가고 마침내 안산면허시험장 리포트가 나가는 동안 보도국 내부에서는 탄성이 튀어나왔다. 동료 기자

부동산 실명제 도입을 톱뉴스로 다룬 KBS 9시 뉴스

들은 "실제로 현금을 주고받는 장면을 어떻게 저렇게 생생하게 촬영할 수 있었느냐"며 탄복했다. 한 선배는 "와 진짜 홈런이다 홈런"이라고 소리쳤다. 리포트가 끝난 직후 보도국장은 밤 11시 뉴스라인에 한 번 더 내겠다고 했다.

대통령이 대대적인 수사 지시...
전국면허시험장 특별감사로 이어져

다음날 아침 회사에 갔더니 반응들이 뜨거웠다. "어젯밤 9시 뉴스가 최고 시청률을 기록했다. 안산면허시험장 리포트때 시청률 그래프가 절정을 이뤘다" 등의 칭찬이 쏟아졌다. 청와대 출입기자로부터 안산보도와 관련한 보고가 전해졌다. 김영삼 대통령이 국정개혁과제 관련 뉴스 때문에 9시 뉴스를 보고 있었는데, 안산시험장 비리 보도를 보고 분개했다는 소식이었다. 이어 대통령이 경기경찰청장을 새벽에 청와대로 불러 즉각 대대적인 수사 착수를 지시했다는 기사가 나왔다. 이날 나는 후속보도를 위해 안산면허시험장으로 다시 가야 했다. 첫 보도를 할 때까지는 정의감에 넘쳐 열정적으로 취재하고 기사도 쓰고 편집도 했지만, 막상 내 보도로 인해 대대적인 수사가 시작돼 초상집 분위기가 돼 있을 안산시험장에서 관계자들과 얼굴을 마주할 생각을 하니 맘이 편치 않았다. '죄가 밉지 사람이 미운 건 아닌데...' 이런 무거운 마음으로 시험장에 들어서니 예상대로 한바탕 토네이도가 휩쓸고 간 폐허 같은 스산함이 느껴졌다.

나와 우리 취재팀을 바라보는 시험장 관계자들의 시선은 싸늘했다.

KBS 보도 뒤 적막해진 안산면허시험장의 모습

잠시 뒤 3~4명의 안전요원이 포승줄에 묶인 채 경찰차쪽으로 이동하고 있는 모습이 보였다. 경찰관에게 물어보니 이들에게 구속영장이 신청될 것이라고 설명했다. 이어서 면허시험장의 최고 책임자인 시험장장 방으로 갔다. 짐을 싸고 있었다. 이미 이날 새벽자로 직위해제 조치돼 방을 빼고 있는 중이라고 했다. 인터뷰를 하자고 했더니 "저도 가족이 있는데, 제발 얼굴은 내지 말아달라"며, 극구 인터뷰를 사양했다. 그 상황에서 차마 인터뷰를 강행할 수는 없었다. 후속보도는 강도가 약해질 수밖에 없었다. 물론 독하게 취재해서 안산면허시험장에서 어떤 일이 있었는지 상세하게 후속보도를 하고 추가 구속자들을 양산할 수도 있었겠지만, 내 성정으로는 불가능했다. 그건 당국의 수사에 맡기기로 했다.

그날 이후 내 기자로서의 직업관은 바뀌게 되었다. 죄를 지었어도 흉악범이 아니라면 최대한 인권은 보호를 해줘야 한다는 마음을 굳히게 됐다. 사람을 처벌하기 위한 취재나 보도가 아니라 시스템을 근본적으로 개선하는 보도를 해야 한다고 거듭 확신하게 됐다.

보도가 나간 지 이틀이 되어도 여진은 계속됐다. 전국 면허시험장에 대한 특별감사를 실시한다는 정부 발표가 나왔다.

내 보도를 통해 전국 면허시험장에 대한 일제 감사가 이뤄지게 되었고, 최소한 면허시험장의 돈거래는 막을 수 있게 됐다. 어느 정도 소기의 성과는 거두었다고 자평한다.

안산면허시험장 금품수수 비리 보도로 나는 KBS 내부의 우수프로그램상과 한국기자협회가 주는 이달의 기자상을 수상했다.

〈제4장〉

애는 썼는데…
‘허탕 친’ 기획취재들

제15화

밤새 잠복하고 추적했는데…
허탕 친 '해사' 취재

88년 서울 올림픽을 전후해 서울에는 아파트 건설 붐이 일었다. 서울에 대규모 택지가 부족해지자 정부는 수도권에 4곳의 신도시 건설과 주택 200만 호 공급계획을 발표했다. 분당과 일산, 평촌과 산본 신도시가 이때 건설됐다. 이른바 1기 신도시들이다. 대형 건설사업이 진행되면서 건설 자재 수요가 급증했다. 레미콘에 들어갈 모래도 많이 필요했는데, 모래가 모자라다 보니 소금기가 남아 있는 바다 모래(해사)를 그대로 썼다가 건물의 철근이 부식되는 일도 종종 발생했다. 철근 부식은 건물 붕괴로 이어질 수 있기 때문에 안전에 대한 심각한 위협이었다.

바다모래 야적장

이 무렵 모 레미콘 업체가 해사를 제대로 씻지 않고 사용하고 있다는 제보를 받았다. 업체측에서 눈치채지 못하도록 치밀하게 취재하기 위해서 야간 촬영용 첨단 노라이트 카메라와 망원렌즈 등을 동원했다. 바다 모래를 채취하는 모습과 이 모래가 공사 현장으로 가는 모습 등을 다양하게 촬영했다.

덤프트럭의 행로를 추적 촬영하느라 촬영기자가 차 안에서 ENG 카메라를 메고 엉거주춤 앉아 있어야 하는 등 많은 고생을 했다. 마침내 외곽 취재를 모두 마치고 업체에 들어가 정식으로 인터뷰를 시도했다. 업체 측에서는 바다 모래를 쓰는 것은 맞지만 충분히 세척을 하기 때문에 소금기는 기준치 이하라고 해명했다. 제보자는 제대로 씻지 않는다며 소금기가 많이 남아 있다고 주장했다. 할 수 없이 문제의 모래 샘플을 채취해 서울대 연구소에 염도 측정을 의뢰했다. 열흘쯤 뒤에 결과가 나왔다. 결과는 염도가 기준치 이하라는 것이었다. 촬영기자가 고생한 것 등을 생각하니 미안하고 허탈했다. 잘못 제보한 제보자가 얄미운 생각도 들었다. 하지만, 어쩔 수 없는 일이었다. 실패는 성공의 어머니라고 하지 않았나? 아닌 건 빨리 접자. 그래야 또 새로운 취재를 할 수 있는 것이다.

바다모래 세척장치

제16화

레이더건 대체하려고 도입된 레이저 스피드건

초음파 특성 때문에 오류가 발생하던 레이더 스프드건

규정 속도를 넘어 운전하다가 경찰이 쏘는 스피드건에 단속돼 본 운전자들이 적지 않을 것이다. 요즘 경찰의 스피드건은 모두 레이저를 쏘는 방식이다. 하지만 90년대 초중반에는 레이저 스피드건은 없었고, 초음파를 이용한 레이더 스피드건이 사용됐다. 그러다가 미국에서 레이저 스피드건이 개발돼 보급되면서 국내에서도 레이저 스피드건에 대한 관심이 높아지고 있었다.

레이더 스피드건과 레이저 스피드건은 초음파와 레이저빔의 성질로 인해 확연한 차이를 갖고 있었다. 레이더 스피드건은 초음파의 특성상 부채꼴 모양으로 초음파가 발사돼 그 부채꼴에 가장 먼저 부딪치는 물체의 속도를 측정하게 된다.

이에 비해 레이저 스피드건은 특정 물체를 향해 레이저빔을 직선으로 발사해 그 물체의 속도를 측정하는 방식이다. 이런 특성이 있어서 한꺼번에 달려오는 여러 대의 차량 가운데, 특정한 차량의 속도를 재려 할 때 레이저 스피드건은 해당 차량에만 레이저빔을 쏘기 때문에 옆의 차량들의 방해를 받지 않고 용이하게 측정할 수 있다. 반면, 레이더 스피드건의 경우에는 특정 차량을 향해 초음파를 발사하더라도 초음파가 부채꼴 모양으로 발사돼 목표로 한 차량이 아닌 옆의 차량 중 하나가 더 먼저 부채꼴 부분에 부딪히게 되면 그 차량의 속도가 측정되는 오류가 발생할 수 있었다. 이 때문에 경찰이 여러 대의 차량 중 특정 차량의 속도를 측정하려 할 경우에는 무조건

스피드건으로 과속차량을 단속하는 경찰

레이저 스피드건

레이더 스피드건

레이저 스피드건을 사용해야만 확실한 증거로 채택될 수 있었다.

두 스피드건과 계기판 속도가 모두 달랐다

결국 우리 경찰도 레이저 스피드건을 대거 도입하기로 했다. 경찰청은 새로 도입하는 레이저 스피드건을 국민들에게 홍보하고 싶어 했다. 경찰과 스피드건 수입 업체의 의뢰를 받아 레이저 스피드건과 레이더 스피드건의 성능을 비교하기로 했다. 차량이 비교적 없던 서울 외곽의 자유로로 나가 두 스피드건의 성능을 비교했다. 그런데 뜻하지 않은 문제가 발생했다. 측정 대상인 달리는 차량의 계기판 속도와 이 차량을 레이더 스피드건으로 측정한 속도, 그리고 레이저 스피드건으로 측정한 속도가 모두 다르게 나온 것이다.

오차 범위 이내로 차이가 났다면 넘어갈 수 있었지만, 오차 범위 밖이었다. 둘 중 어느 한 쪽이 차량 계기판 속도와 일치하길 기대했지만, 아무리 다시 시도를 해도 어느 쪽도 측정 차량 계기판 속도에 근접하지 않았다. 두 스피드건 중 어느 쪽이 더 정확하다고 판정할 수 없게 된 것이었다. 여러 차례 측정을 하느라 품을 많이 들였지만, 결국 보도는 포기할 수밖에 없었다.

이 취재를 통해 스피드건으로 측정하더라도 실제 차량 속도와 상당한 오차가 난다는 사실을 확인할 수 있었다. 그래서 경찰도 제한 속도보다 5~6킬로미터 안 쪽으로 위반한 차량은 잘 단속하지 않는 것으로 알려져 있다. 물론 그렇다고 안심하고 속도 규정을 위반하라는 의미는 아니다.

〈제5장〉

시대는 변해가고…

#제17화

성적인 농담도 처벌…
성희롱 첫 유죄 판결

요즘 직장에선 매년 의무적으로 성폭력방지 교육을 받아야 하고, 신체적 접촉은 물론 언어폭력도 성폭력이라는 인식이 확고하게 자리 잡고 있어서 남자 직원이나 상사가 여직원들을 대할 때 성적인 감수성을 자극하지 않도록 신경을 많이 쓰고 있다.

하지만, 1990년대 초반만 해도 강간이나 성추행은 죄가 된다고 생각했지만, 성적인 농담이나 가벼운 신체접촉 정도는 처벌 대상이 되지 않는다는 분위기가 지배적이었다.

사무실에서 남자 상사나 고참 직원들이 여직원들이 있어도 아무렇지도 않게 얼굴 달아오르게 하는 이른바 EDPS(음담패설)를 늘어놓고 낄낄거리곤 했다. 단체 회식 후 2차로 노래방에 가서 남자 직원이나 상사가 여자 후배나 동료를 끌어 안고, 이른바 블루스를 추는 경우도 있었다.

그런 사회적 분위기와 통념을 깬 첫 판결이 1994년 4월에 나왔다. 1993년 10월 서울대 화학과 대학원에서 조교로 일했던 우 모씨는 지도교수였던 신 모 교수가 92년 8월부터 93년 5월까지 약 9개월 동안 실험실 안에서 자신을 껴안거나 어깨를 어루만지는 등 상습적인 성희롱을 해왔다며 신 교수와 서울대 총장, 국가 등을 상대로 5천만 원의 손해배상 청구소송을 제기했다.

1994년 4월에 신 교수가 우 조교에게 3천만 원을 배상해야 한다는 1심 판결이 나왔다. 당시 판결은 사회적으로 큰 반향을 일으켰다. 몇 해 전 있었던 이른바 'Me Too' 운동처럼 자신도 성희롱을 당했다고 피해를 호소하거나 소송을 제기하는 여성들이 잇따랐다. 반면 남성들은 지나치게 경직된 판결이라며 비판적으로 보는 경우가 적지 않았다. 동료 여성의 어깨를 만지는 척 했다가 '아이구 어깨 만지면 3천만 원이지'라며 손을 빼는 등 해당 판결을 조소하는 행동을 하는 남성들도 많았다. 이런 분위기를 반영했는지 이듬해 2심 판결은 '성희롱 개념을 도입하면 가벼운 실수까지 처벌하게 된다'며 신 교수의 무죄를 선고했다. 2심 판결 후 여성계는 크게 반발했고, 사회적 논란이 발생했다. 이어진 1998년 2월의 3심에서 대법원은 신 교수의 언행은 일상생활에서 허용되는 범위를 넘어섰다며 2심 판결이 잘못됐다는 취지로 사건을 서울고등법원으로 돌려보냈다. 마침내 1999년에 열린 파기환송심에서 법원은 신 교수의 유죄를 확정하고, 우 조교에게 5백만 원을 배상하라고 최종 판결했다.

6년여에 걸쳐 이어진 이 재판은 사회적으로 큰 파장을 낳았고, 성폭력 뿐 아니라 성희롱도 죄가 된다는 인식을 제도적으로 뿌리내리게 하는 계기가 됐다.

1994년에 성폭력특별법이 제정됐고, 1998년에는 남녀고용평등법이 제정됐다. 1999년 2월 노동부는 남녀고용평등법에 성희롱 예방에 관한 내용을 포함시켜 법제화했다.

성희롱 판결과 관련해 KBS와 인터뷰하는 최영애 성폭력 상담소 소장(8대 국가인권위원장)

제18화

사라지는 교실 물주전자

물당번을 아시나요?

나는 이른바 586세대이다. 현재 50대이고, 80년대에 대학을 다녔고, 60년대에 태어났다. 내가 어릴 적에는 학교 체육시간에 땀을 흘리고 나면, 수업이 종료되자마자 급우들과 함께 일제히 수돗가로 뛰어갔다. 너나 할 것 없이 수도꼭지에 입을 대고 갈증이 가실 때까지 배가 터지도록 수돗물을 마셨다.

교실 뒤편에는 정수기나 생수통 대신 노란색의 대형 양은 주전자와 컵이 배치돼 있었다. 학생들은 점심시간에 밥을 먹고 난 뒤 이 주전자에 담긴 물을 플라스틱컵이나 스텐레스컵에 따라 마셨다. 학급마다 돌아가면서 당번 학생을 정해 등교 직후 주전자에 물을 떠다 놓고, 중간에 물이 떨어지면 역시 당번이 주전자를 들고 가서 물을 받아 왔다.

이 주전자 물은 물론 수돗물이었다. 화장실에 있는 수돗물은 아니었지만, 어차피 똑같은 수도관으로 전달돼 나오는 물이었다.

가정집에서는 대개 보리차를 마셨다. 하지만, 보리차가 떨어지면 거리낌 없이 수돗물을 마셨다.

그때는 정수기도 없었고, 생수를 사서 먹는다는 건 상상할 수도 없는 일이었다.

그런데 1988년에 올림픽을 치르고, 이듬해인 89년 1월 1일 해외여행이 자유화되면서 우리 국민들은 서서히 많은 외국인들이 수돗물 대신 생수를 사서 먹고 있다는 걸 알게 됐고, 먹는 물에 대한 인식이 바

체육시간이 끝난 뒤 수돗가에서 씻는 고등학생들

꿔기 시작했다. 특히 1991년 대구에서 발생한 '수돗물 페놀 오염' 파동을 겪은 뒤부터 국민들 사이에 수돗물에 대한 불신이 커졌다.
이 무렵부터 독일제 브리타 정수기가 수입되는 등 가정용 정수기 판매가 늘어났고, 생수를 사먹는 가정도 점차 많아졌다.
사실 지금은 자연스럽게 편의점에서 생수를 사먹지만 국내에 생수 판매가 처음 허용된 1994년 3월 16일 이전에는 먹는 물을 돈을 받고 파는 건 불법이었다.
물은 공기처럼 공짜인데, 봉이 김선달식으로 장사를 해 폭리를 취하는 건 받아들일 수 없다는 인식이 강했기 때문이다.
물론 생수 판매가 94년 이전에 전혀 없었던 건 아니다. 국내에 거주하던 외국인들에게 판매하거나 외국으로 수출하겠다는 조건으로 생수 제조 허가를 받은 일부 업체의 생수가 암암리에 부유층 내국인들에게 유통되고 있었다.

공용컵이 싫어
정수기도 외면

내가 학교의 수돗물 이용 실태를 취재한 건 국내에 생수 판매가 허용되고 두 달쯤 지나서였다.
서울 서초구에 있는 한 고등학교의 체육시간을 지켜봤는데, 햇볕 아래서 운동을 하고 있는 학생들이 땀을 뻘뻘 흘리고 있었다. 이윽고 수업이 종료됐다. 수돗가로 뛰어가는 건 내가 학생이었을 때와 마찬가지였지만, 찬물로 얼굴과 팔을 씻어 열기만 식힐 뿐 수도꼭지에 입을 대고 물을 마시는 학생은 단 한 명도 없었다.

나는 너무나도 달라진 풍경에 깜짝 놀라 학생들에게 갈증이 날 텐데 왜 수돗물을 마시지 않느냐고 물었다. 학생들은 수돗물은 더러워서 먹을 수 없다고 했다.

교장 선생님은 학생들이 수돗물을 마시지 않아서 얼마 전부터 층마다 정수기를 설치했다고 알려주었다.

그런데, 일부 학생들은 정수기도 외면하고 생수를 사 마시고 있었다.

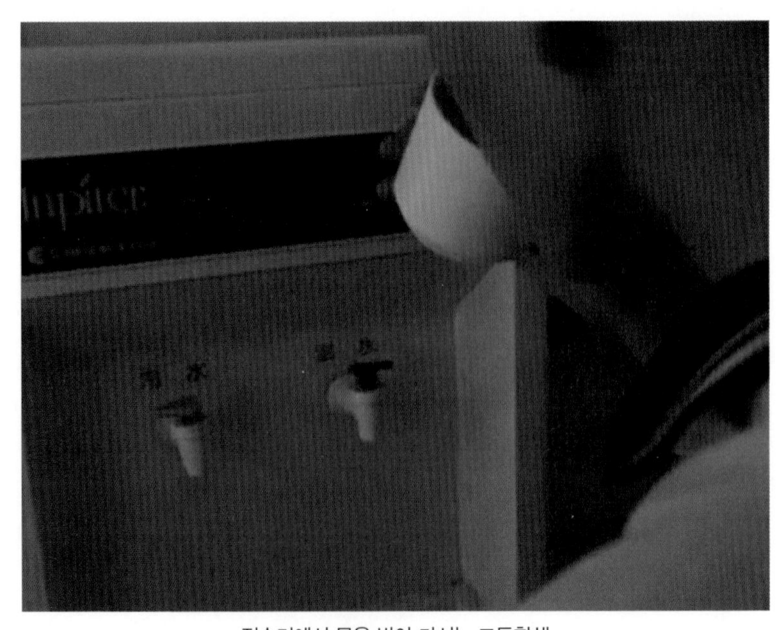

정수기에서 물을 받아 마시는 고등학생

정수기 옆에는 공용 물컵이 있었는데, 남이 마신 컵에 입을 대기 싫어서 생수를 사먹는다는 게 해당 학생들의 해명이었다.
코로나19 팬데믹을 거치면서 요즘은 개인위생을 챙기는 게 당연한 일로 받아들여지지만, 술잔 돌리기가 보편화 돼 있던 당시에는 학생들의 이런 행태는 기성세대의 눈살을 찌푸리게 했었다.
하지만 그로부터 30년 동안 생수 시장과 정수기 시장은 폭발적으로 성장했다. 지금은 국내 정수기 시장 규모가 3조원, 생수 시장은 2조원에 육박하고 있다.

제19화

공중화장실 혁명의 시작

'한국방문의 해'를 부끄럽게 만든 공중화장실

1994년은 정부가 정한 '한국방문의 해'였다. 1988년 하계올림픽의 성공적인 개최와 러시아·중국과의 수교, 민주화와 문민정부의 출범, OECD 가입을 눈앞에 둘 만큼 커진 경제적 여유로 자신감을 갖게 된 우리 정부가 한국을 더 널리 알려 국제적 위상을 높이기 위해 해외 관광객을 획기적으로 늘리겠다며 시도한 기획이었다.
따지고 보면, 오늘날의 '한류 붐'을 위한 기초가 이때부터 서서히 다져지기 시작했다고 볼 수 있다.
'한국방문의 해'라는 슬로건은 좋았지만 실제 여건은 슬로건을 따라가지 못하고 있었다. 단적인 예가 공중화장실이었다.

1990년대 김포국제공항 화장실

요즘은 웬만한 공중화장실이 모두 깔끔하고 화장지도 비치돼 있지만, 1990년대만 해도 좌변기가 설치돼 있지 않은 공중화장실이 많았다. 대부분 화장지가 비치돼 있지 않아 본인이 자판기 등에서 화장지를 구매하고 들어가야 했다. 물론 위생상태도 엉망이었다.

대한민국의 관문이라고 할 수 있는 김포국제공항(인천국제공항은 2001년에 개항했고, 그전에는 김포공항이 유일한 국제공항이었다)의 화장실은 세계 어디에 내놓아도 손색이 없을 만큼 깔끔했다. 하지만 공항을 떠나면 그런 수준의 공중화장실은 찾아보기 어려웠다.

외국인들 남녀공용 화장실에 '경악'

외국인들이 많이 찾던 서울 이태원의 공중화장실만 해도 청소가 제대로 되지 않아 악취가 코를 찔렀고, 담배꽁초가 여기저기 널려 있었다. 고장이 나도 수리를 제때 하지 않아 소변기 버튼을 눌러도 물이 나오지 않는 경우가 부지기수였다.

외국 관광객들을 더 당황하게 만든 건 남녀 화장실이 구분돼 있지 않은 경우였다. 지금은 그런 화장실이 거의 없지만, 당시에는 사설 화장실은 남녀 공용인 경우가 대부분이었다. 남녀 공용인데, 잠금장치가 고장나 있거나 아예 없는 곳도 적지 않았다. 볼일이 급한 여성들로서는 난감하기 이를 데 없었다.

그해 내무부(지금의 행정안전부)가 실태 조사를 해보니, 전국 공중화장실의 4분의 3인 75%가 관리 부실로 인해 민원이 발생하고 있었다.

그런 내용들을 정리해 9시 뉴스에 내보냈는데, 상당한 반향이 있었다. 이 보도를 계기로 정부는 공중화장실 개선에 팔을 걷어 붙였다. 이제는 호텔 수준이 된 고속도로 휴게소의 화장실을 이용할 때면 94년에 공중화장실을 취재했던 기억이 떠올라 혼자 실없이 미소짓곤 한다.

소변기가 대부분 떨어져 나가고 지저분한 공중화장실

제20화

우수관과 오수관

썩은 냄새가 진동하던 한강의 지천들

요즘 한강에 가면 수상 스키를 타거나 보트나 요트를 즐기는 사람들을 종종 볼 수 있다. 화창한 날이면 강가 둔치의 공원에서 많은 시민들이 시원한 강바람을 쐬며, 여유로운 시간을 보낸다. 이런 장면이 가능해진 건 강물이 깨끗해지고 냄새가 나지 않게 되었기 때문이다.

1980년대 초까지만 해도 한강이나 한강의 지천들인 안양천, 중랑천 등의 상황은 지금과는 180도 딴판이었다. 내가 살던 서울 고척동에서 시내 중심가 쪽으로 나가려면 안양천과 한강을 건너야 했는데, 고척교로 안양천을 건널 때면 심한 악취가 코를 찔렀다. 강폭이 훨

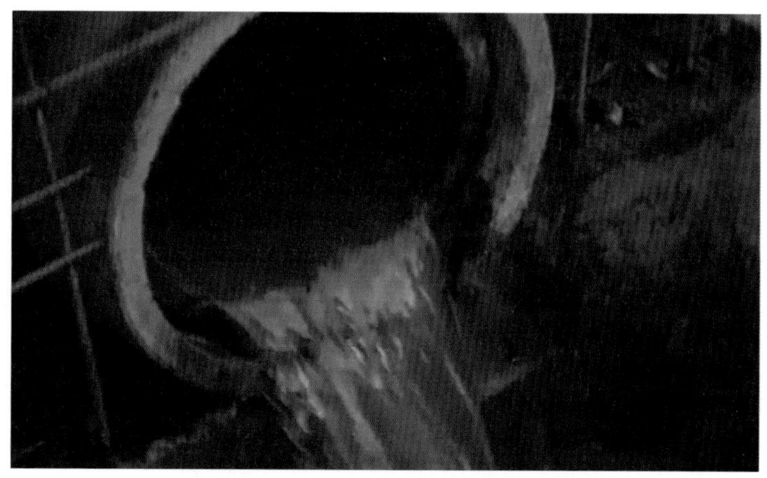

빗물통로로 오수가 유입되는 모습 (서울 강남구 일원동)

씬 넓고 물이 많은 한강도 맑은 물에서 사는 물고기들은 구경을 할 수 없을 만큼, 오염이 심했다. 이런 한강을 탈바꿈시킨 건 88서울올림픽이었다. 올림픽 유치에 성공한 전두환 정권은 한강종합개발계획을 세우는 등 한강 정비에 많은 공을 들였다. 강바닥을 준설했고, 보를 만들어 수량 조절이 가능하게 했다. 한강으로 유입되는 물을 더러운 오수와 빗물로 분리해 깨끗한 빗물은 우수관을 통해 강으로 직접 유입되도록 하고, 생활하수 등 더러운 오수는 별도의 오수관을 통해 하수종말처리장에서 정화 과정을 거친 다음 한강으로 유입되도록 했다. 강물 정화와 함께 한강 둔치도 정비돼 산책로와 운동 시설 등이 만들어졌다. 이때부터 한강은 시민 친화적 공간으로 변모하기 시작했다.

물론 이렇게 대대적으로 정비가 돼도 강물이 완벽하게 깨끗한 경우는 거의 없다. 요즘도 종종 녹조 때문에 문제가 되는 걸 보면 몰래 오수를 강으로 흘려보내거나 관로에 문제가 있어서 오수가 정화시설을 거치지 않고 강으로 유입되는 경우들이 적지 않은 것으로 추정된다.

빗물만 흘러야 할 우수관으로 시커먼 오수가 유입돼

사회부 기자로 활약하던 94년에 사실 나는 우수관과 오수관이 따로 있다는 걸 전혀 모르고 있었다. 물과 관련된 관은 상수도관과 하수관만 있는 줄 알았다.

그런데 어느날 회사로 제보가 들어왔다. 우수관으로 더러운 오수

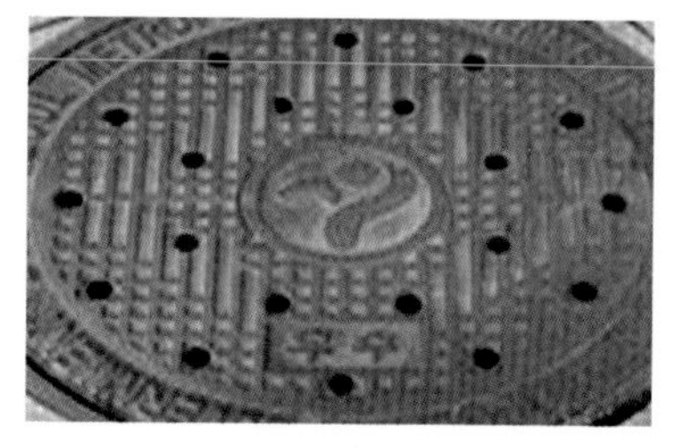

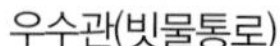

우수관(빗물통로)

오수관(오염된 물의 통로)

가 유입되고 있다는 것이었다. 서울 강남구 일원동의 공사현장이었는데, 현장에 가보니 실제로 빗물만 흘러야 할 수로에 시커먼 물이 악취를 풍기면서 흘러들고 있었다. 수로가 완성된 게 1983년이었으니 10년 넘게 오수가 정화처리를 거치지 않고 한강으로 유입됐던 것이다. 그나마 상가 신축 공사 때문에 관로를 점검하다가 발견이 됐기에 망정이지 이 공사가 없었다면 그런 상황이 더 오랜 기간 동안 지속됐을 것이다. 관할 관청인 강남구청은 공사를 맡길 때 분명히 우수로와 오수로를 구분하도록 요구했고, 보관하고 있는 배수도면에도 그렇게 구분이 돼 있다면서 전적으로 시공사의 잘못이라고 주장했다. 그러자 시공을 맡았던 한국토지개발공사(현재의 LH)는 공사를 끝내고 준공검사를 받은 게 언제냐며 이제 와서 시공 책임을 묻는 건 있을 수 없는 일이라고 반발했다. 강남구청이 관리를 제대로 못한 탓이라며 강남구청에 책임을 떠넘겼다. 예나 지금이나 책임 떠넘기기는 관행은 변함이 없는 것 같다.

〈제6장〉

설마 요즘도 이렇진 않겠죠?

제21화

폐차 부품이 새 부품으로 둔갑

많은 사람들이 자동차 수리를 소규모 카센터에 맡긴다. 내 개인적으로는 가급적 소규모 카센터는 이용하지 않고, 자동차 제조사에서 운영하는 정비센터에 가는 편이다. 그건 사회부 때 취재 경험 때문이다. 물론 요즘 대부분의 카센터들은 양심적이고, 순정부품만 사용하고 있을 것이라고 믿는다.

하지만, 90년대까지는 상황이 좀 달랐다.

사회부 경찰서 출입기자를 하면, 경찰관 특히 형사들과 친해지게 된다. 당직실에서 같이 새우잠을 자기도 하고, 술잔을 함께 기울이기도 한다. 좋은 일만 있는 건 물론 아니다. 형사들은 대체로 기자들을 경계한다. 기자가 수사 중인 사건을 미리 보도해 수사를 망치는 일이 종종 있고, 경찰이 감추거나 뭉개려는 사건을 들춰내 담당 경찰관들을 곤혹스럽게 만들거나 징계 받게 하고, 경찰관의 비리를 캐내 경찰에 대한 사회적 이미지를 훼손하는 등의 일이 종종 일어나기 때문이다. 반대로 경찰관의 미담이 언론을 통해 알려져 경찰의 이미지가 좋아지는 경우도 있다. 또 신선한 기획 수사가 언론에 의해 보도돼 담당 경찰관들이 포상을 받거나 특진을 하고, 지명수배자의 얼굴이 언론에 공개되면서 시민제보로 수배자를 잡는 등 경찰이 언론의 도움을 받는 일도 적지 않다. 한마디로 경찰과 언론은 애증의 공생관계에 있다.

사회부 경찰팀 강남라인 소속이었을 때 강남경찰서와 서초경찰서의 형사들과 친하게 지냈다. 나이가 나보다 위인 분들이 많아 주로 형님이라고 불렀다.

하루는 한 형님이 "최 기자! 기획수사한 게 있는데, 괜찮으면 방송에 내주겠느냐"고 했다. 설명을 들어보니, 관심이 가는 내용이어서 해 보자고 했다.

며칠 뒤 경찰과 함께 강남구 일대 폐차장과 카센터를 급습했다.

현장 확인 결과, 충격적인 사실이 드러났다.

교통사고 등으로 차를 폐차해야 하는 경우, 일반적으로 견인차가 사고차를 견인해 폐차장으로 가서 폐차 처리한다.

그런데, 알고 보니 **폐차장에 가기 전에 들르는 곳이 있었다. 무허가 중고 부품상이었다. 이곳에서 쓸만한 부품은 모두 빼내고, 사실상 껍데기만 남은 상태에서 폐차장으로 보내지고 있었다.** 이렇게 폐차 직전 차량에서 빼낸 부품은 전국의 카센터로 유통되고 있었다. 일부 부품은 세척과정을 거쳐 아예 새 부품으로 둔갑해 팔리고 있었다.

자원 재활용 측면에서 보면 아직 성능이 괜찮은 중고 부품을 그 부품이 필요한 다른 차량에 달아 다시 쓰는 건 바람직할 수도 있다.

그러나 중고 부품은 새 부품과 달리 얼마나 마모돼 있고, 얼마나 오래 버틸 수 있는지 알 수 없어서 매우 신중하게 재활용돼야 한다.

이런 점 때문에 중고 부품은 재활용 전에 엄격한 검사를 거쳐 재활용 가능 여부를 판단한 뒤 사용돼야 하고, 특히 안전에 직결되는 부품들은 절대로 재활용하지 말아야 한다.

하지만, 무허가 중고 부품상에서 그런 정밀한 검사를 할 리가 없었다.

실제로 안전에 직결되는 부품들까지 마구잡이로 재활용되고 있었다.

이제는 제발 이런 식의 무분별한 중고자동차 부품 유통이나 재활용이 사라졌기를 바란다.

폐차에서 떼어낸 자동차 부품이 쌓여 있는 중고부품상

세척과정을 거쳐 새 부품으로 탈바꿈한 중고 자동차 부품

제22화

톨게이트 우회하는 얌체 트럭들

한 지점에만 설치돼 있는 경인고속도로의 톨게이트

서울과 인천을 연결하는 경인고속도로는 인천지역에서 서울로 출퇴근하는 사람들의 차량과 인천항에서 처리되는 컨테이너를 실은 화물차량, 인천항 인근의 바다 모래를 공사 현장으로 실어 나르는 덤프트럭, 인천지역 공업단지와 서울을 오가는 화물차량 등으로 요즘도 늘 하루종일 붐빈다. 경인고속도로의 톨게이트는 경부고속도로처럼 진입 지점부터 진출 지점까지의 요금을 부과하는 방식이 아니다. 고속도로의 중간 정도 지점, 정확히는 부천 나들목과 부평 나들목 사이에 딱 한 군데만 설치돼 있고, 상행선이든 하행선이든 이 톨게이트를 통과할 때 요금이 부과되는 방식이다. 이 때문에 톨게이트에 도달하기 전에 고속도로를 빠져 나가면 요금이 부과되지 않고, 톨게이트를 지나서 고속도로에 진입하는 차량도 요금을 낼 필요가 없다. 이런 맹점을 이용해 통행료를 아끼는 얌체족들이 있었다. 앞서 언급한대로 경인고속도로의 톨게이트는 부천 나들목과 부평 나들목 사이에 있다. 서울 양평동의 경인고속도로 입구에서 고속도로로 진입한 차량 중 일부가 톨게이트에 도달하기 전에 있는 부천 나들목에서 고속도로를 빠져나가 일반도로로 우회한 뒤 톨게이트를 지나서 있는 부평 나들목에서 다시 고속도로로 진입하는 꼼수를 쓰는 것이다. 인천에서 서울로 가는 차량 중의 일부도 부평 나들목에서 나가 톨게이트를 우회한 뒤 부천 나들목에서 다시 고속도로로 진입했다.

이런 차량은 대부분 화물차들이었다. 시간이 조금 더 걸리더라도

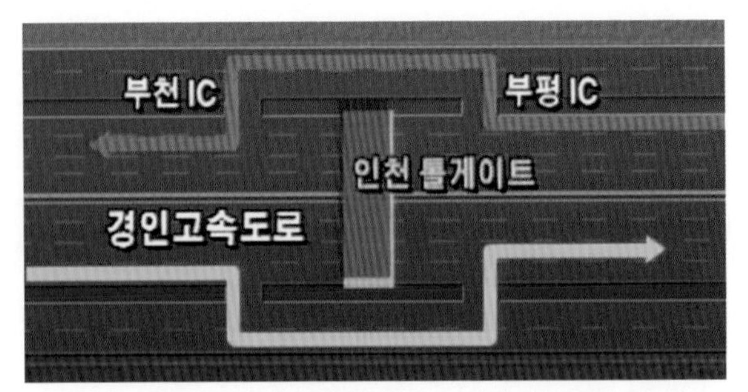

화물차들의 경인고속도로 톨게이트 우회 경로

톨게이트를 우회한 뒤 경인고속도로에 재진입하기 위해 늘어서 있는 화물차들

경인고속도로를 질주하는 화물차들

대형 차량의 왕복 통행료 2800원을 아끼기 위해 톨게이트를 우회하는 수고를 자처하는 것이다.
우회하는 화물차들 때문에 고속도로 옆 일반도로는 부천 나들목에서 부평 나들목까지 늘 심한 정체를 빚고 있었다.

과적 단속 피하려고 톨게이트 우회하기도

화물차들의 톨게이트 우회는 단순히 통행료가 새고 있다는 것 외에도 몇 가지 심각한 문제를 내포하고 있다.
우선, 이들 얌체 화물차들이 경인고속도로 파손의 주요 원인 제공자라는 점이다. 화물차들은 승용차에 비해 바퀴 한 축에 걸리는 하중이 높아 도로에 큰 부담을 주고, 그만큼 도로를 많이 손상시킨다. 대형차의 통행료가 소형차에 비해 비싼 건 이런 이유도 있는 것인데, 도로를 많이 파손시키는 대형 화물차들이 고속도로를 공짜로 이용하는 건 형평에 맞지 않는다.
더 큰 문제도 있었다. 톨게이트의 오른쪽 끝에 있는 화물차량용 게이트에는 과적 차량을 단속하기 위한 계근대가 설치돼 있다. 과적은 도로 파손은 물론 대형 교통사고로 이어질 수 있기 때문에 적발될 경우 많게는 백만원이 넘는 벌금이 부과된다. 대형 화물차들은 요금을 절약하고, 한편으로는 과적 단속을 피하기 위해 톨게이트를 우회하고 있었던 것이다.

제23화

도로 불법 점유에 노상 주유까지

임시 차고지가 된 도로

지금처럼 지하철이 많지 않아 주로 버스를 타고 다니던 90년대 중반에는 서울에 버스 차고지(주로 '버스 종점'으로 불렸다)가 상당히 많이 있았다. 그런데 서울 외곽지역에 있던 버스회사 차고지들이 땅값이 올라 팔리게 되어 다른 곳으로 이전하거나 각종 개발로 인한 토지 수용으로 일시적으로 차고지가 없어지게 되는 경우, 여러 가지 문제들이 발생했다.

서울 강남지역의 개발이 탄력을 받으면서 강남지역에 있던 한 버스회사의 차고지가 일시적으로 없어지는 상황이 벌어졌다. 버스 운행을 중단시킬 수 없다 보니 구청에서 8차선 도로의 양방향 끝 한 차

도로 양편을 종점으로 사용하고 있는 시내버스들

선 씩을 해당 버스회사에 임시 주차장으로 사용하라고 허가를 내줬다. 지금 시각에서 보면 어처구니없는 일이었다. 차량들이 통행하는 도로를 버스 차고지로 사용하라는 건데, 버스 차고지를 어떻게 도로 끝의 한 차선만으로 대체할 수 있겠나? 당연히 2~3개 차선을 넘나 들 수밖에 없었다. 아무리 2~3개 차선을 넘나들어도 공간은 태부족이었다. 차고지로 돌아온 버스 기사들은 휴게 공간 하나 없어서 도로 주변만 서성거리고 있었다. 정비 공장도 별도로 없다보니, 정비사가 옆으로 차량들이 지나다니는 도로 위에서 버스 아래로 들어가 아찔한 모습으로 차량 정비를 했다.

옆에 차가 달리는 도로에서 버스 아래로 들어가 정비를 하는 아찔한 모습

야간에 과속하던 차량이 이런 상황을 모르고 정비중인 버스를 덮치면 어떻게 되겠는가? 상상만 해도 끔찍한 일이었다. 이곳은 말 그대로 무법천지였다. 심지어 버스에 기름을 넣는 것도 도로상에서 이뤄졌다. 주유기를 단 차량이 버젓이 도로상에서 버스에 기름을 넣었다.

그들에게 안전이란 단어는 다른 나라 말인 것 같았다. 이렇게 위험한 상황이 벌어지고 있었지만, 주변에 있던 경찰 순찰차는 아무 일 없다는 듯 지나갔다. 인터뷰를 시도해 보니 "도로 사용 허가를 받은 것으로 안다"고 했다. 당국이나 업자나 똑같이 안전불감증이었다. 그나마 당시에는 차량이 지금처럼 많지 않았던 게 다행이었다.

야간을 틈타 도로상에서 주유를 하는 장면

제24화

허가만 받으면 떼돈…
건축쓰레기 불법 매립

서울과 수도권의 아파트 건설 붐을 타고, 1990년대에는 많은 아파트가 건설됐다. 오래된 아파트들은 이때쯤부터 재건축을 시작했고, 주택 정비 사업의 일환으로 노후주택 밀집지역을 중심으로 재개발을 하는 곳도 생겨났다. 재건축이나 재개발을 하면 기존의 아파트나 주택들을 해체하는 과정에서 막대한 양의 건축쓰레기가 발생한다.

건축쓰레기에는 골재로 재활용이 가능한 벽돌이나 철근 같은 건축자재도 있지만, 나무나 천 같은 일반 쓰레기부터 석면처럼 인체에 유해한 환경오염 물질까지 다양한 물질들이 섞여 있다. 따라서 건축쓰레기를 처리할 때는 여러 물질들을 용도에 맞게 분리해서 재활용할 건 재활용하고, 일반 쓰레기는 쓰레기 처리장으로 보내야 한다.

아파트단지 폭파 해체 장면

골재채취장에 건축쓰레기를 불법으로 버리는 덤프트럭

특히 환경오염 물질이나 인체에 유해한 물질은 규정에 따라 폐기하는 게 원칙이다. 그러나 90년대 중반만 해도 이런 원칙들이 제대로 지켜지지 않았다.

분리 과정 없이 한 데 섞여 있는 건축폐기물을 눈에 띄지 않는 곳에 몰래 버렸다. 주로 바위나 자갈 등의 골재 채취가 끝나 바닥이 넓게 파여 있는 폐 골재 채취장 같이, 감시의 눈길이 소홀한 공터에 마구잡이로 매립해 버렸다. 주한 미군기지 반환 과정에서 토양오염 등 환경 문제가 종종 불거져 나오는데, 필자의 취재 경험으로 판단해 보면 미군 기지와 관련이 없는 우리 영토 중에도 건축 폐기물 불법 매립으로 인한 환경오염이 심각한 곳이 적지 않을 것으로 추정된다.

1990년대 초·중반까지만 해도 당국으로부터 쓰레기 처리 허가를 받아 설립된 상당수 건축쓰레기 처리 업체들이 건축쓰레기 처리를 위탁받은 뒤 원칙대로 처리하지 않고, 불법으로 매립하는 방식으로 많은 부당이득을 챙겼다. 건축쓰레기를 치워야 하는 쪽으로부터는 쓰레기를 처리해 주는 명목으로 돈을 받았고, 땅을 매립할 필요가 있는 곳으로부터는 매립비를 받아 챙겼다. 이런 업체들은 서울 영등포구 양평동 등 그때까지는 개발이 덜 돼 있던 서울 외곽지역에 많았는데, 이후 이들 지역이 지하철 노선에 포함되면서 신흥 주거지로 주목받게 되자 땅값이 올라 또 많은 돈을 벌었다.

제25화

"카메라 부술 거야"...
간 큰 개고기집 사장

정식 식품이 아니어서 당국의 점검 대상에서 아예 빠져 있던 개고기

요즘은 '애견 인구 천만시대'라는 말이 나올 정도로 개에 대한 인식과 대우가 과거와는 비교할 수 없을 정도로 달라졌다. 지금은 개고기를 먹는다고 하면 야만인 취급을 받는 경우가 적지 않을 것이다. 하지만, 1990년대까지만 해도 직장인들 사이에서 개고기는 고급 보양식으로 굳건히 자리잡고 있었다. 여름철이 되면 복날을 전후해 많은 직장인들이 거리낌 없이 개고기집을 찾았다.

물론 파생되는 문제들도 적지 않았다. 우선, 프랑스 등 유럽 국가의 사람들을 중심으로 널리 퍼져 있는 국제적인 개고기 반대 정서가 문제였다. 1988년 서울올림픽을 전후해 브리짓 바르도 등 유명 배

경기도 용인의 식용개 사육장

우와 동물 애호 단체 등이 "개고기를 먹는 한국에서 열리는 올림픽을 보이콧하고, 한국 상품 불매운동을 해야 한다"고 목소리를 높이기도 했다. 이처럼 국제 사회의 부정적인 인식이 강하다보니, 정부 당국은 국가 이미지를 훼손시킬 수 있다는 부담 때문에 개고기를 정식 식품의 범주에 포함시킬 수 없었다. 이로 인해 다시 심각한 문제들이 생겨났다. 식품위생법상 정식 식품이 아니다 보니 개고기는 보건 당국의 위생 점검 대상에서 아예 빠져 있었다. 이 때문에 위생 상태를 전혀 파악할 수 없는 고기들이 마구 유통되고 있었다. 도축시설도 정식 허가를 받지 못해 도축 방식이나 도축 이후 고기의 유통 과정 등이 모두 엉망이었다. 고압 전기 등을 이용한 잔인한 도살도 버젓이 이뤄졌다. 이런 문제들은 언론 보도의 단골 메뉴였다. 날이 더워지기 시작하면 개고기 유통의 문제점을 고발하는 충격적인 보도들이 어김없이 등장하곤 했다. 그런 보도가 나가고 나면, 개고기집들은 상당 기간 동안 손님이 줄어 적지 않은 타격을 받았다. 이 때문에 개고기집 주인들은 언론 특히 텔레비전 방송국의 기자나 PD들을 경계하고 싫어했다. 그런데 아이러니하게도 당시 언론인들은 개고기를 가장 많이 팔아주는 사람들 중 한 부류이기도 했다.

복날 스케치 하려다 '봉변'

94년 여름은 몹시 더웠다. 초복 날도 30도를 훌쩍 뛰어넘어 아스팔

삼복 더위 속 아스팔트에 아지랑이가 피어오르는 모습

트를 녹여버릴 듯한 날씨였다. 내게 9시 뉴스용으로 복날 이모저모를 스케치하라는 임무가 맡겨졌다. 이글거리는 아스팔트와 무더위에 힘들어하는 동물들, 땀 뻘뻘 흘리는 산업 현장 등을 취재하고, 점심시간에 개고기를 파는 보신탕집을 스케치하러 갔다.

서울 여의도 근처에 있는 꽤 유명한 집이었다. 국회의원 등 정치인들과 여의도 금융가의 고위 임원들도 많이 찾는 곳이었다. 평소에도 장사가 잘되는 집인데, 복날이다 보니 정말 발 디딜 틈이 없을 정도로 손님이 많았다. 점포 앞에는 국회의원 차량 등 고급차들이 줄줄이 늘어서 있었다.

우리 취재팀의 촬영기자가 본격적으로 촬영을 하려는 찰나... 거의 욕설에 가까운 고성과 함께 음식점 사장으로 보이는 남자가 거칠게 방송용 카메라의 렌즈를 손으로 막았다. 그리고는 우리 취재진에게 경고했다. "촬영을 하면 그 카메라 부숴버릴 거야! 그거 한 2천만 원 하지, 별거 아냐." "빨리 나가!" 뜻밖의 봉변이었다. 사장의 심정은 이해가 가는 측면도 있었지만, 모르는 사람들한테 이렇게 함부로 대해도 되나 하는 생각이 들었다. 그 당시 유명한 개고기집들은 하루 매출이 수백만 원에 달할 만큼 수입이 많았다고 한다. 그렇다보니 잘 나가는 개고기집 사장들의 행태는 거침이 없었다.

나는 사장을 진정시키고, 설득해 보려고 노력했다. "복날 보양식 먹는 장면 스케치하는 것 뿐입니다. 절대로 부정적인 내용으로 나가지 않습니다. 제가 책임지겠습니다." 하지만 통하지 않았다. 무조건 나가라고 했다. 하는 수 없이 몇 분 만에 개고기집을 떠나야 했다. 당시만해도 복날하면 개고기를 떠올리던 시절이어서 아쉬움이 컸다. "이제 점심시간도 끝나 가는데, 어디 가서 추가로 촬영을 해야하죠?" 촬영기자 선배에게 물었다. 그런데 촬영기자 선배의 답은 뜻밖이었다. "다른 데 갈 필요 없어. 대충 다 찍었어." 내가 주인을 설득하는 동안 몰래 셔터를 누르고 필요한 장면을 대부분 담았다는 것이었다.

회사로 돌아와 방송 리포트를 제작할 때 고심 끝에 그 개고기집 장면은 넣지 않았다. 사장이 카메라를 부수겠다고까지 하며 방송에 나가는 걸 싫어하는 데 굳이 몰래 찍은 화면을 넣어서 자극할 필요는 없다고 생각했다.

보양식 먹는 장면은 개고기집 가기 전에 들렀던 삼계탕집 화면들로 대체했다. 지금은 개고기 대신 삼계탕이 복날 먹는 대표 음식으로 자리잡았다. 어쩌면 개고기집 사장의 과잉 반응는 그런 흐름을 막아보려는 강력한 저항이었을지도 모르겠다는 생각이 든다.

복날 손님들로 북적이는 삼계탕집

〈제7장〉

나만의 취재 뒷얘기들

제26화

내가 태어난 날 죽은 김일성

사람 잡는 사회부 야근

내 생일은 양력 7월 8일이다. 1994년 7월 8일 사회부 기자였던 나는 생일 얘기는 입 밖에도 못 내고, 회사에서 야근을 해야 했다.
당시 야근은 정말 혹독했다. 저녁부터 밤 사이에 어떤 사건 사고가 발생했는지 서울 관내 주요 경찰서를 한 바퀴 돌며 파악하고, 서울 경찰청(시경 공보과)으로 가 다시 종합적으로 챙겨본 뒤 회사로 돌아와 기사 거리가 되는 사건사고들에 대한 발생 기사를 작성한다. 이후 각종 제보 전화를 받고, 경찰서와 소방서 등에 주기적으로 전화를 걸어 새로운 사건 사고나 화재가 난 곳이 있는지 지속적으로 체크한다. 그러다가 비교적 큰 사건 사고가 발생하면, 즉각 촬영팀과 함께 현장으로 출동해 취재한 다음 아침뉴스용 리포트를 만들어

KBS 보도국

야 했다. 당일 아침부터 출입처에서 하루종일 일하고, 녹초가 된 몸으로 다시 밤을 꼬박 새우며 그 다음날 아침까지 쉴틈 없이 일해야 하는 고된 임무였다. 야근을 마치고 나면 통상 오전 9시에서 10시 사이에 퇴근했다. 규정된 퇴근 시간은 9시였지만, 부장이 9시부터 시작되는 오전 간부회의를 끝마치고 나온 뒤에야 눈치 봐서 들어가곤 하다 보니 10시가 다 될 때까지 퇴근하지 못하는 경우도 많았다. 어떤 날은 회의에서 나온 부장이 "재현이는 근처 사우나에 가서 좀 씻고 오후에 취재 좀 나가라" 라고 해서 사우나에서 샤워하고 수면실에서 한 시간 정도 눈만 붙인 뒤 다시 회사로 들어와 곧바로 취재를 나간 적도 있다.

요동치는 삐삐 ... '44448282'

7월 9일에도 야근 후 오전 10시가 다 돼 퇴근했다. 졸려서 눈꺼풀은 부어있고, 몸은 피로가 누적돼 천근만근이었다. 하지만, 아내가 "생일 밥도 못 먹었는데, 나가서 외식하고 영화나 보자"고 해 샤워만 하고, 함께 외출했다. 점심을 먹고 영화를 보려고 하는데, 허리춤에 차고 있던 삐삐가 요동을 쳤다. '44448282'가 찍혀 있었다. 4444는 KBS 사회2부 전화번호 781-4444의 뒷번호 네 자리로 사무실이라는 의미이고, 8282는 빨리 전화하라는 뜻이었다.

당시에는 아직 휴대전화기가 보급되기 전이어서 기자들이 대개 허리에 삐삐를 차고 있었다. 외부 취재 중에 삐삐로 메시지를 받으면 취재 차량에 장착된 카폰을 쓰거나 휴대용 무전기를 이용해 회사나 시경캡과 연락을 취했다. 길게 통화해야 할 때는 공중전화 박스로 가야 했다. 난 야근을 하고 퇴근을 해서 이날은 비번인 상태였기 때문에 무전기도 없고 카폰도 없었다. 얼른 주변에 있는 공중전화로 달려가 회사에 전화를 했다. 사회부 유○○ 차장이 전화를 받았다. 유 차장은 다급한 목소리로 "북한 김일성이 죽었단다. 회사로 빨리 들어와라."라고 말했다. 결국 영화 관람은 취소하고 아내와 헤어진 채 서둘러 회사로 돌아갔다. 밤 꼴딱 새고 회사에서 나온 지 3시간 만이었다. 결혼한 지 석 달밖에 안 된 신혼부부였는데, 아내에겐 미안했지만 직업상 어쩔 수가 없었다.

드라마틱한 김일성의 죽음과 음모론

사실 당시 김일성의 사망은 매우 극적(dramatic)이었다. 보름 쯤 뒤인 7월 25일에 역사적인 김영삼 대통령과의 첫 남북정상회담이 예정돼 있는 상황에서 주인공 중 한 사람이 급사한 것이다. 불과 며칠 전에 우리 어린이들이 김일성에게 보내는 편지 내용이 9시 뉴스에 소개될 정도로 남북한 간 해빙 분위기가 무르익던 시점이었다.

남북정상회담은 북한의 핵무기 개발로 미국과 북한 사이에 일촉즉발의 전쟁위기가 고조된 가운데, 지미 카터 전 미국 대통령이 사태를 중재하기 위해 빌 클린턴 당시 미국 대통령의 특사 자격으로 북한을 전격 방문해 김일성과 면담한 뒤 이끌어낸 성과물 중 하나였다. 미국과 북한은 카터가 북한에서 돌아온 다음 본격적인 핵협상에 들어갔다. 양측은 결국 그해 10월, '북한은 핵개발을 동결하고 미국은 그 대가로 북한에 2기의 100만 킬로와트급 경수로형 원자력발전소를 제공한다'는 제네바 기본합의서(agreed framework)에 서명하게 된다. 그러나 남북관계는 김일성 급사 뒤 '김일성을 조문해야 하느냐'에 대한 정치권의 찬반 양론으로 야기된 이른바 [9]'조문파동'이라는 이념 갈등을 겪은 뒤 급속하게 냉각됐다. 만일 김일성이 급사하지 않고 김일성과의 사상 첫 남북정상회담이 이때 성사됐다면, 북한 핵문제와 한반도의 운명이 바뀌었을지도 모를 일이다. 워낙 갑작스러운 사망인데다 북한이 세계에서 가장 폐쇄된 국가 중 하나인 만큼, 음모설도 제기됐다. 당시 북한 내부는 혁명 1세대인 김일성은 2선으로 물러나 있었고, 2세대인 아들 김정일이 실질적으로 통치하고 있는 체제였다. 그런데 카터 전 미국 대통령의 방북으로 김일성의 존재감이 다시 부각된 데 이어 김영삼 대통령과 김일성이 만나는 남북정상회담까지 성사되면 김일성이 다시 권력 전면

---

9) 김일성 급사 후 국내 정치권과 사회단체 등에서 북한에 조문단을 보내야 한다는 측과 분단과 6.25전쟁의 원흉인 김일성을 조문해서는 안 된다는 측이 대립했으며, 김영삼 정부는 조문단 파견 불허로 결론 내렸다. 북한은 이에 반발해 김영삼 정부를 맹비난했으며, 이후 남북관계는 급속히 얼어붙었다.

김일성 사망 소식을 다룬 KBS 9시뉴스

남북정상회담 실무접촉 중인 남측 대표단(94년 7월)

에 나설 것이라는 얘기가 돌았다. 김정일이 이런 분위기를 감지하면서 자칫 권력에서 밀려나는 것 아니냐는 위기감을 느꼈고, 이 때문에 아버지를 제거했을 것이라는 게 음모설의 요체였다. 나름 설득력 있는 시나리오였지만, 사실을 확인할 수 없어 크게 확산 되지는 못했다.

김일성의 사망 사실이 알려진 건 7월 9일이었지만, 북한 당국은 김일성이 공식 발표 하루 전인 7월 8일에 사망했다고 확인했다. 내 생일날 사망한 것이다. 김일성 사망 소식이 알려진 뒤 특집 뉴스특보가 하루종일 이어졌고 나도 기획 아이템을 맡아 방송에 기여했다.

세계적인 특종을 한 KBS

이날 KBS는 세계적인 특종을 했다. 보도국 북한부에서 통일원을 출입하던 아침뉴스 앵커 출신 김준석 선배가 북한 방송을 모니터 하던 중 낮 12시에 중대 발표가 있을 것이라는 예고를 들었다. 김 선배는 북한 내부에 심상치 않은 일이 벌어졌음을 직감하고 뉴스 편집부에 내용에 따라 바로 생방송에 들어가야 할 수도 있다고 언질을 주었다. 이어 12시 정각에 북한 중앙방송이 김일성 사망 사실을 발표하자 김 선배는 곧바로 대기 중이던 뉴스 편집팀에 연락해 긴급 뉴스특보를 열었고, 전화 생방송으로 김일성의 사망 소식을 전국에 알렸다.

당시만 해도 북한 방송을 직접 보거나 들을 수 있는 기관이 많지 않았기 때문에 바깥 세상에선 김일성 사망 사실을 전혀 모르고 있었

KBS가 북한 방송을 듣기 위해 보유하고 있던 단파 라디오

김일성 사망 소식을 특종 보도한 김준석 기자

고, KBS의 보도를 접하고 나서야 놀라운 소식을 알게 됐다. 이 충격적인 뉴스는 빠르게 전파됐다.

청와대에서 김영삼 대통령의 오찬 행사 중 관계 비서관이 대통령에게 'KBS에 방금 보도됐다'며 '김일성이 사망했다'고 보고하는 장면이 영상에 잡히기도 했다. CNN과 BBC 등 전 세계 언론들도 KBS 뉴스를 인용 보도하며 김일성 사망 소식을 지구촌 구석구석에 알렸다. KBS의 위상을 세계에 드높인 쾌거였다.

#제27화

아찔했던 사고...
캘리포니아 번호판의
올즈모빌(olds mobile) 자동차

중앙선 넘은 승용차가 취재 차량 들이받아

더위가 기승을 부리던 1994년 8월의 어느 날이었다. 당시 나는 경기도 남양주 쪽에서 기획취재를 하고 있었다. 이날도 아침 일찍 회사로 출근한 뒤 취재팀과 함께 남양주로 출발했다. 40여 분쯤 뒤 남양주의 왕복 6차선 도로를 달리고 있을 때였다. 우리 취재 차량이 1차선으로 주행하고 있었는데, 반대쪽 차선에 있던 승용차가 노란 중앙선을 넘더니 엄청난 속도로 우리 차 정면을 향해 달려왔다. 그대로 정면충돌을 하면, 양쪽 차량 탑승자 전원이 사망할 수도 있는 아찔한 순간이었다. 짧은 시간이었지만, 우리 차량을 운전하던 기사 형님이 순간적으로 운전대를 오른쪽으로 틀어 정면충돌을 피했고 가해 차량은 우리 차의 왼쪽 뒷문에 충돌했다. 큰 충격을 받은 우리 차가 시계 반대 방향으로 한 바퀴를 돌았다. 기사 형님은 그 순간에도 취재 차량에 부착돼 있던 경광등을 켜 주변 차량들이 주의하도록 만들어 추돌 등 2차 사고를 막았다. 당시 사고가 난 도로는 시속 70킬로미터 구간이었지만, 대형 덤프트럭들이 시속 100킬로미터를 넘나드는 과속질주를 하는 곳으로 유명했고, 실제 교통사고도 잦았다. 만일 우리 취재차가 사고 직후 덤프트럭에 2차 충격을 받았다면 대형사고로 이어졌을 것이다. 조수석에 앉아 있던 나는 충돌 순간 몸이 튕겨져 나갈 것 같은 강한 충격을 받았지만, 다행히 안전벨트를 매고 있어서 큰 피해는 입지 않았다. 만일 정면으로 충돌했다면 즉사했을 것이다. 왼쪽 뒷문으로 받혔는데도 내가 앉아 있던 조수석 문 유리창의 고무 패킹이 너덜너덜 떨어져 있었다. 그만큼 충격이 컸던 것이다. 기사 형님과 촬영 보조원(방송계에선 오디오맨으로 불린다)의 상태도 괜찮았는데, 충돌 지점이었던 왼쪽 뒷자리에 앉아 있던 촬영기자 장○○ 씨가 다쳤다. 장 기자는 사고 직후 기사 형님이 차량을 도로 변에 정차시키자 아픈 몸으로 ENG 카메라를 들고 달려 나가 가해 차량을 촬영했다. 나는 가해 차량 운전자를 잡으려고 가해 차량 앞쪽으로 달려갔다.

미국 번호판 단
가해 차량 운전자는 뺑소니

가해 차량은 미국 GM의 자회사인 올즈모빌이 만든 모델이었고, 특이하게 미국 캘리포니아주 번호판을 달고 있었다. 우리가 가해 차량에 접근했을 때 가해 운전자는 이미 차에서 빠져나와 인근 산 쪽으로 도망을 간 상태였다.

아찔한 사고에 뺑소니까지 당하니 당황스럽고 허탈했다. 잠시 머리가 멍해졌다. 취재 중 처음으로 당한 교통사고에 뭘 먼저 해야 할지 잘 정리가 되지 않았다. 하지만, 길게 생각할 틈이 없었다. 취재팀을 이끌고 있는 내가 상황을 빨리 정리해 줘야 하는 상황이었다. 마음을 다잡고, 사고 처리에 들어갔다. 우선, 부상자 치료가 급했다. 장 기자를 취재 차량에 태워 인근 병원으로 보냈

미국 올즈모빌 자동차

다. 나는 현장에 남아 경찰에 신고했다. 얼마 뒤 남양주 경찰서 교통사고처리반 소속 경찰관들이 달려왔다. 가해 차량을 살펴본 경찰관들은 미국 번호판을 단 상태로 국내에서 차량을 운행하는 것은 불법이라고 했다. 국내에 등록된 차량이 아니어서 차량 관련 정보 조회도 불가능하다고 했다. 한 경찰관은 아마도 불법적으로 밀수한 차량이 아닌가 하는 생각이 든다고 말했다. 경찰관들이 현장 조사를 마친 뒤 함께 남양주 경찰서로 갔다. 그런데, 경찰서 교통사고처리반 주변에 조직폭력배들을 연상시키는 건장한 남자들이 여러 명 서 있었다. 알고 보니 이들은 뺑소니 운전자의 형님뻘 되는 사람들이었다. 서울 마장동에서 중고차 장사를 한다고 했다. 사고를 낸 차량도 미국에서 들여온 수입 중고차라고 했다. 운전자는 운전면허를 갖고 있지 않았는데, 기분 내려고 몰래 차를 갖고 나갔다가 사고를 내고는 놀라서 도망쳤고, 지금 몹시 떨고 있다고 주장했다. 한 경찰관이 "무면허 뺑소니에 무등록 차량이라... 죄가 한 두 가지가 아니네"라고 비꼬듯 말했다. 대표격으로 보이는 사람이 내게 다친 데는 없느냐고 물었다. 나는 "다른 사람은 괜찮은데, 촬영기자가 많이 다쳐 병원에 입원해 있으니 그 사람이나 신경써서 잘 도와주라"고 했다. 잠시 뒤 병원에 가 보니 장00 기자는 입원 수속을 마치고, 병실에 누워있었다. 3~4주 정도는 입원 치료를 받아야 한다고 했다. 어느 정도 사태가 정리된 뒤 회사에 전화를 했다.

사고 직후 사고 사실만 간단히 알렸는데, 이제 상황이 어느 정도 정리됐다고 후속 보고를 하기 위해서였다. 나는 마음속으로 '너는 다친 데는 없느냐'는 위로의 말이 나올 걸로 기대하고 있었다. 그러나 내 보고를 들은 부장은 위로는 커녕 대뜸 "아 거기 정리됐으면, 제주도를 가야겠다. 비행기가 활주로를 이탈해서 불이 났단다."라며 새로운 일거리를 주려했다. 비행기 화재사고 때문에 정신이 없는 건 알겠지만, '자칫하면 죽을 수도 있었던 아찔한 사고를 겪었던 사람한테 이건 너무하는 것 아닌가'하는 생각이 들었다. 나는 "아직 사고 정리 작업이 완전히 끝나지 않았고, 부상자 등을 그냥 남겨놓고 나만 곧바로 회사로 복귀하는 건 어려우니, 사고 처리 완전히 마무리하고 회사로 복귀하겠다"고 말하고 통화를 마무리했다. 서운함과 허탈감 속에 '기자란 직업세계는 정말 인정사정 없는 곳이구나'라는 말만 마음속으로 되뇌였다.

대한항공기 화재사고(1994. 8. 10. 제주공항)

#제28화

'고독사'한 할머니...
그리고 기자 생활
마감할 뻔 했던 아찔한 실수

사회문제로 떠오르기 시작한 혼자 사는 노인들의 '고독사'

핵가족화와 가족 해체, 인구 고령화 등으로 인해 혼자 사는 노인들이 갈수록 늘고 있다. 1990년대부터 이런 트렌드가 조금씩 나타났고, 부작용도 나오기 시작했다. 94년 5월에 혼자 살던 한 노인이 집에서 사망한 지 보름이 지나서야 발견된 일이 벌어져 사회적으로 큰 반향을 일으켰다. 당시만 해도 노인들을 아들이나 딸들이 모시고 사는 게 당연하던 시절이었기 때문에 부모를 혼자 방치한 자식들에겐 사회적 지탄이 쏟아졌다. 그 일이 일어난 지 얼마 안 돼 내 출입처 관내였던 서울 송파구 가락동에 있는 한 아파트에서도 혼자 살던 할머니가 돌아가신 지 6일 정도 지나서 발견된 일이 벌어졌다.

딸만 5명을 키운 이 할머니는 네 딸은 출가를 시켰고, 이후 남편과 함께 막내딸을 데리고 셋이 살았다. 그러다가 할머니가 숨지기 4년 전 남편이 교통사고로 사망했고, 그 뒤부터는 막내딸과 단 둘이 지냈다. 엄마와 같이 지내던 막내딸이 할머니가 숨지기 다섯 달 전쯤 해외 유학을 떠나면서 혼자 사는 신세가 됐다. 할머니는 혼자 살면서 건강이 많이 악화됐고, 아파트 경비원은 할머니가 집을 찾지 못해 집까지 모셔다 드리는 일이 종종 있었다고 말했다. 할머니가 치매 초기로 의심되는 증세를 보였다는 것이었다.

할머니 앞집에 사는 이웃 주민은 막내를 제외한 네 딸이 서울에 살고 있었지만, 거의 찾아오지 않는 것 같았다고 귀띔해 주었다.

이 할머니의 시신이 발견된 비슷한 시기에 서울 여의도의 한 아파트에서도 68세 할머니가 숨진 지 열흘 만에 발견되는 일이 발생했다. 여의도 할머니도 함께 살던 딸이 해외에 나간 사이에 지병인 저혈압이 악화되면서 숨진 것으로 드러났다.
요즘은 혼자 사는 노인들이 실버타운이나 요양원에 들어가서 어느 정도 도움을 받으면서 살 수 있지만, 당시에는 이런 시설도 별로 없었고, 또 그런 곳에 들어가는 문화도 익숙하지 않았기에 집에서 혼자 살다가 건강이 악화되거나 고독사하는 노인들이 생겨났던 것이다. 급격한 인구의 고령화 속에 노인 문제는 지금도 점점 더 심각한 사회문제가 되어가고 있다.

얼굴 가려주기로 했는데...
사라진 모자이크

여기서 잠시 내 개인적인 사연을 털어놓겠다. 가락동 할머니 고독사를 취재하다가 나는 기자 생활 중 첫 번째 큰 위기를 맞았다.
사실 90년대 초·중반만 해도 우리 국민 중 많은 사람들이 초상권에 대해 잘 알지 못했고, 그런 인식도 갖고 있지 않았다.
그런데, 할머니네 앞집에 살던 아주머니는 그런 인식을 명확히 갖고 계시던 분이었다. 이 아주머니에게 돌아가신 할머니의 가족들이 얼마나 자주 할머니 집을 방문해 챙겼는지 물었다. 아주머니는 딸들이 서울에 있었지만, 거의 오지 않았다고 대답해 주었다. 인터뷰 내용이 부정적이다 보니 아주머니는 할머니 딸들이 방송을 보면 불편해질 수 있으니 자신과의 인터뷰를 방송에 내려면 얼굴은 가려달

고독사한 할머니가 살던 서울 송파구의 아파트

고독사한 할머니 집앞에 쌓여 있던 신문들

라고 했다.(실제로 방송된 인터뷰 내용은 부정적인 내용은 아니었다.) 나는 꼭 그렇게 하겠다고 약속했다.

회사로 돌아와 원고를 쓰고 리포트 편집에 들어갔다. 1차 편집을 마치고 나서 아주머니 얼굴을 모자이크로 가린 테입을 가져와 편집 중이던 테입에 입히는 작업을 했다. 얼굴이 가려진 장면으로 편집이 된 것을 보고, 방송용 리포트 테입을 9시 뉴스 편집부로 넘겼다. 그런데 '이게 웬일이란 말인가?' 9시 뉴스를 모니터하고 있는데, 실제 방송에서는 아주머니 얼굴이 모자이크 처리되지 않은 상태의 맨얼굴로 나가고 있었다. 나는 아주머니와 한 약속이 생각나 "악!" 하고 비명을 지르지 않을 수 없었다. 이 일을 어떻게 한단 말인가? 하지만, 이미 방송이 나갔기 때문에 어떻게 해도 돌이킬 수 없는 엎질러진 물이었다. 원인을 알아보니 기가 막혔다. 방송 편집기에는 녹화버튼이 있고, 미리보기버튼이 있다. 녹화버튼은 실제로 녹화를 하는 것이지만, 미리보기는 녹화에 앞서 녹화될 화면에 이상이 없는지 확인하기 위해 녹화될 화면을 미리 보여주는 것이다. 미리보기는 녹화될 상황을 미리 보여주지만 말 그대로 미리보기일뿐 실제로 녹화된 것은 아니다. 녹화를 하려면 반드시 빨간색 녹화 버튼을 눌러야 하는 것이다. 그런데, 편집자가 미리보기 버튼만 누르고 실제 녹화 버튼을 누르지 않았던 것이었다.

나와 편집자 모두 미리보기 화면을 보고 모자이크처리된 화면으로 녹화가 완료됐다고 생각하고 테입을 편집부로 넘긴 것이었다. 아주머니가 받을 충격을 생각하니 눈앞이 캄캄했다. '아! 이 사태를 어

방송용 ENG 편집기

떻게 수습해야 하나?' 밤에 잠이 잘 오지 않았다. 다음날 아주머니에게 전화를 걸어 자초지종을 간략히 말씀드리고 사과드렸다. 역시 아주머니는 노발대발이었다. 초상권 침해에 따른 손해배상 소송을 하겠다고 말씀하셨다. 100% 내 잘못이기 때문에 반박할 여지가 없었다.

아주머니에게 거듭 사과드리고, 일단 만나자고 했다. 아주머니 댁 인근 커피숍에서 만남이 이뤄졌다. 아주머니를 뵙자마자 나는 90도로 인사드리며 진심으로 사죄드렸다. 다행히 아주머니의 표정은 전화 통화 때 보다는 풀려있는 듯 했다.

나는 왜 그런 실수가 저질러졌는지 편집기의 특성과 함께 상세히 설명 드렸다. 그리고 전적으로 내 잘못이기에 아주머니가 어떻게 하시든 할 말이 없다고 했다. 다만, 고의성이 없는 실수였으니 기자가 된 지 2년이 채 안된 미숙한 청년의 장래를 생각해 선처해 주시기 바란다고 빌었다. 아주머니는 "사실 깜박 잊고 전날 밤 9시 뉴스를 놓쳤는데, 미국에 있는 친척이 KBS 9시 뉴스에서 얼굴을 봤다며 전화를 걸어와 얼굴이 그대로 나간 걸 알게 됐다"며, "그 얘기를 처음 들었을 때는 화가 머리끝까지 치밀어 올라 정말 소송을 해서 최 기자를 잘라버려야겠다고 생각했다"고 했다. 혹시라도 앞집 할머니네 딸들과 얼굴을 마주칠까봐 문밖에 기척이 있을 때는 문도 못 열었다고 했다. 아주머니는 그러면서도 젊은 최 기자의 장래를 생각해서 이번만은 용서해주시겠다고 하셨다. 너무 고마워서 눈물이 날 지경이었다. 아주머니에게 거듭 사죄드리고, 앞으로 절대로 남의 입장을 곤란하게 하는 실수는 하지 말아야겠다고 다짐했다.

그 아주머니께서 너그럽게 용서해 주신 덕에 나는 무사히 방송기자로 성장해 갈 수 있었다. 정말 고마운 분이시다.

제29화

끔찍한 음주운전 참사…
가해 친구만 감싼 정치인 변호사

1994년 12월 18일 일요일 오후 3시쯤 서울 강서구 강서보건소 앞 도로를 달리던 중형 승용차가 갑자기 도로를 이탈해 인근 버스 정류장을 덮쳤다. 버스를 기다리던 10여 명의 무고한 시민들이 순식간에 봉변을 당했다.
사고 현장은 너무나도 끔찍했다. 사고가 난 지 시간이 꽤 지났는데도, 혈흔이 곳곳에서 목격됐다. 가판 상점은 폭격을 맞은 듯 처참하게 무너졌고, 물건들이 여기저기 나뒹굴고 있었다.
이 사고로 서울 목동에 살던 30대 주부는 그 자리에서 숨졌고, 초등학교 2학년생 등 7명이 중상을 입었다.
차량을 운전한 사람은 양천구 약사회장을 지낸 49살 황 모씨였다.

폭격을 맞은 듯 난장판이 된 버스정류장

황 씨는 결혼식 피로연에 참석해 술을 마신 뒤 만취 상태로 운전을 하다가 사고를 냈다.
황 씨를 만나려고 강서경찰서로 갔다.
그런데, 그 자리에는 황 씨의 친구라는 변호사가 와 있었다.
방송에도 출연했었고, 정치권에도 기웃거려 얼굴이 잘 알려진 H 변호사였다.
그는 우리가 황 씨를 촬영하려고 하자 화를 내며 제지했다. "교통사고야" "일부러 한 것도 아니라고" "당신들 찍지 말고, 빨리 돌아가" "얼굴 찍어서 초상권 침해하면 내가 가만 안 둘 거야"
아무리 가해자의 친구이고 정치권 등에 힘깨나 쓰는 변호사라지만, 너무 고압적인 태도였다.
나는 화가 나서 "아니 인권변호사라시면서 피해자들 생각은 안 하십니까?" "가해자만 보호하면 되는 건가요?"라고 항의했지만, 전혀 통하지 않았다.
"쓸데없는 소리하지 말고 빨리 가라고"
살면서 처음 만난 변호사인데, 정말 기분 나쁜 만남이었다.
그 뒤로 물론 좋은 변호사들도 만났지만, 변호사라고 소개하면 아직도 H가 먼저 떠오른다. 드라마나 영화에 나오는 정의로운 변호사라는 건 실제로는 없는 것인가?
H 변호사는 2년 뒤 총선에 출마했다가 낙선했다. 속으로 정말 다행이라고 생각했다. '이런 사람이 정치를 하면, 자기 주변 사람들만 먼저 챙기겠지...'

황 모씨가 운전한 사고차량

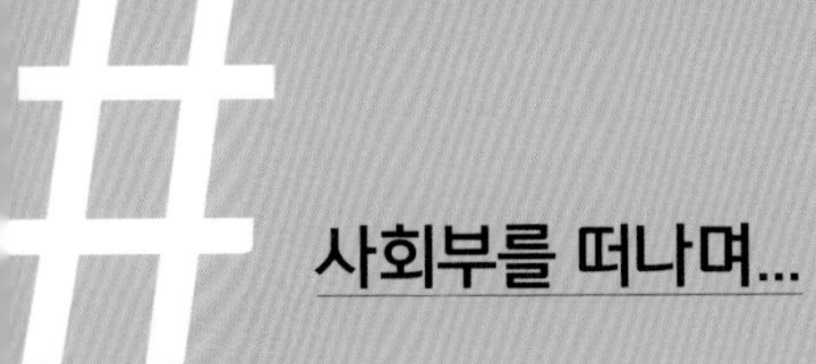

사회부를 떠나며...

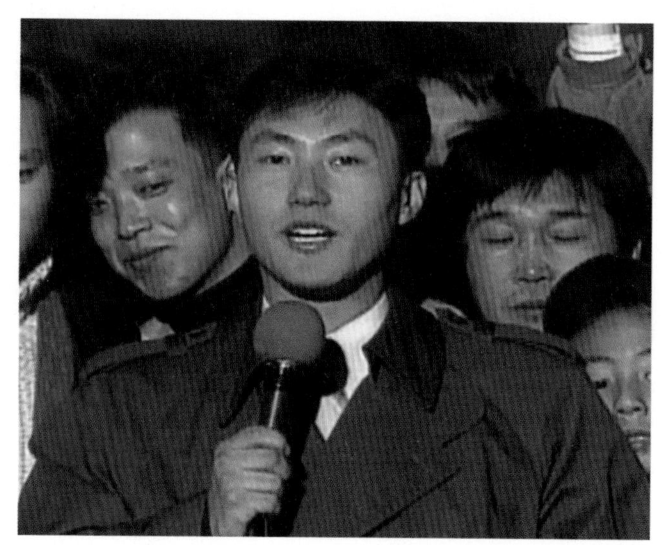

설 귀성객이 북적이는 서울역에서 9시 뉴스에 생방송을 하고 있는 필자(1995.1.28)

진주라 천리길

1994년 2월 중순에 보도국 사회부로 발령을 받았었는데, 약 1년 만인 1995년 2월 초에 진주방송국으로 발령을 받아 사회부를 떠나게 됐다. KBS 보도본부는 내 바로 앞 기수인 18기부터 기자들이 1년씩 지역방송국에 근무하고 오는 게 관례화되었다. 대개 지역 연고가 있는 기자들은 연고가 있는 지역으로 발령을 받았는데, 나는 부모님의 고향은 충남이지만, 서울에서 나고 자라 연고를 주장할 형편은 아니었다. 하지만, 전혀 연고가 없는데다 '진주라 천리길'이라는 옛말처럼 서울에서 천리나 떨어진 경남 진주

KBS진주방송국 청사

로 발령이 난 건 의외였다. 하지만, 난 성격이 낙천적이어서 별로 걱정은 하지 않았다. '어디를 가면 어떠리? 가서 열심히 취재하고 보도하면 되지' 오히려 새로운 환경 속에 새로운 모험이 기다리고 있을 거라는 생각을 하니 마음이 설렜다.

진정한 취재기자로 만들어 준 고마운 선배들

막상 사회부를 떠난다고 생각하니 몸과 마음을 다 바쳐 열정적으로 일했던 지난 1년간의 경찰기자 생활이 주마등처럼 떠올랐다 지나가곤 했다.
사회부에 처음 발령받아 왔을 때 불호령을 내리며 나를 심하게 꾸짖곤 했던 5기수 위인 장○○ 선배...아직 현장 취재가 익숙하지 않던 시절 장 선배는 전화로 현장 상황을 보고 받으면서 "이건 알아봤나? 저건 알아봤나? 전화 끊고 다시 취재해서 보고해"를 수차례 연발했고, 나는 그때마다 부끄러움을 무릅쓰고 사고 현장으로 돌아가 관계자들에게 여러 상황들에 대해 다시 캐물어야 했다. 한번은 야근 중 폭우로 공사 중인 시설 일부가 무너진 공사 현장을 취재하고 있었는데, 취재한 내용을 야근 반장이었던 장 선배에게 보고했더니 "그건 걔들이 지들 책임 회피하려고 둘러대는 거 아냐. 한심하게 걔들 얘기를 다 믿고 있나?"라는 따가운 질책이 쏟아졌다. 이 말을 듣고 나는 꼭지가 확 돌았다. 공사 현장으로 다시 돌아갔을 때는 어리숙한 햇병아리 기자에서 화가 머리끝까지 치밀어 오른 형사 같은 독기와 단호함을 가진 열정적인 젊은 기자의 모습으로 변해 있었다. 현장 상황을 확인하면서 치밀하게 캐물어 공사 관계자들의 잘못을 증명해 주는 여러 팩트들을 건져낼 수 있었다. 이때의 경험은 이후 현장 취재에서 성공할 수 있는 밑거름이 됐다. 설렁설렁 단편적으로 취재하지 않고, 집요하게 취재할 수 있게 되었고, 관계자들의 말을 그대로 믿지 않고 그들이 진실을 말하도록 유도하는 요령도 조금씩 터득해 나갈 수 있게 됐다. 장 선배가 처음에 왜 그렇게 혹독하게 대했는지 깨닫는 데는 오랜 시간이 걸리지 않았고, 장 선배 덕에 빠르게 경찰 기자로 적응해 나갈 수 있었다.

사회부로 발령받은 뒤 강남라인으로 배정됐는데, 나는 2진이었고 1진 기자는 나보다 입사 한 기수 위인 또 다른 장○○ 선배였다. 경남 통영 출신으로 독특한 억양을 가진 장○○ 선배는 내가 볼 때 취재 기자로서의 꼼꼼함은 KBS 최고였다. 장 선배의 꼼꼼한 지도로 취재력을 배가시킬 수 있었고, 강남라인에서 적지 않은 특종도 할 수 있었다.
94년 10월부터는 마포라인으로 이동 배치됐다. 마포라인 1진 선배는 역시 한 기수 위인 황○○ 선배였다. 나중에 9시 뉴스 앵커까지 한 생방송의 달인이다. 황 선배는 온화한 성품이었고, 상식이 풍부하고 달변이어서 이미 당시부터 생방송을 전담했다. 황 선배는 친형처럼 따뜻하게 지도해주고 취재도 도와주셨다.

방송 리포트의 ABC를 모두 전수해 주신 스승 같은 시경캡

나는 방송기자로 성장해 나가면서 뉴스 리포트를 잘 만든다는 평가를 받았다. 내 방송 뉴스 리포트의 틀을 잡아주신 분은 당시 서울시경 출입기자로 일명 시경캡을 맡고 있었던 8기수 위인 임○○ 선배시다.
방송원고를 잘 쓰는 건 물론 컴퓨터나 기계도 잘 다뤘고, PD적 감각도 있던 임 선배는 이른바 방송용 ENG(Electronic News Gathering) 카메라가 도입된 뒤 국내 방송사에서 처음으로 ENG 시대에 맞는 텔레비전 뉴스 리포트를 제작했던 선도적인 기자 중 하나이다.
ENG 도입 전 방송뉴스는 이른바 필름 카메라로 영상만 따로 찍고 음향은 녹음기로 따로 따서 나중에 별도로 음향

화면 따로 음향 따로 편집했던 대한뉴스 (구마고속도로 개통 뉴스 1977.12.27.)

을 붙이는 방식으로 제작됐다. 이 때문에 초기 TV뉴스에서 현장 음향은 거의 방송에 반영되지 않았다. 당시 TV뉴스는 방송기자들이 신문기사 읽듯이 기사를 읽어 놓으면, 그 기사와 관련된 화면을 자료화면처럼 편집해서 붙여 넣은 이른바 '대한뉴스' 방식의 뉴스가 기본이었다. 그러다 보니 그 시절 방송 취재기자들은 현장 화면이나 음향을 채집하는데는 크게 신경쓰지 않았고, 기사 작성에만 몰두했다.

ENG 카메라의 등장은 방송뉴스의 혁명적 변화를 예고하는 신호탄이었다. ENG 카메라는 촬영과 동시에 현장의 음향을 함께 녹음한다. 폭발현장을 촬영해서 뉴스를 내보낼 경우 과거에는 촬영한 화면에 별도로 녹음기로 녹음해온 폭발음을 맞춰 넣거나 현장에서 녹음한 음향이 없거나 신통치 않으면 다른 폭발음을 구해서 현장 폭발음인 것처럼 음향 효과를 넣었다. 하지만 폭발장면과 폭발음의

누리호 발사 ENG 촬영 화면 (2022.10.21.)

정확한 타이밍을 맞추기 어려워 현장감과 생동감이 떨어질 수밖에 없었다. 그러나 ENG는 폭발현장을 촬영할 때 폭발음이 동시에 녹음되기 때문에 폭발장면과 그 순간의 폭발음이 생생하게 함께 송출된다. 현장감과 생동감이 과거와는 비교할 수 없이 좋았다.

ENG의 등장으로 방송뉴스의 수준과 인기는 폭발적으로 높아졌고, 대중 미디어 중 신문을 제치고 텔레비전이 가장 영향력 있는 미디어로 발돋움하는 기폭제가 됐다.

ENG 도입 초창기에 대부분의 방송기자들은 이 장비의 장점과 활용방법을 제대로 알지 못해서 기존 방식대로 기사 따로 쓰고 화면 따로 붙이는 방식으로 뉴스를 제작했다. 반면 임○○ 선배는 방송 리포트 첫머리에 과감하게 기사 대신 현장 폭발화면과 음향을 넣는 등 현장감을 최대한 살리는 방식으로 리포트를 제작했고, 후배들의 원고를 고쳐주면서 ENG의 장점을 잘 설명해 주었다. 감성에 호소하는 리포트를 제작할 때는 종종 그런 분위기에 잘 맞는 음악을 찾아 넣어줘 리포트에 감성과 생명력을 불어넣었고, 현장 화면이 없을 때는 3D 애니메이션 그래픽을 제작해 넣어 시청자들의 시각적 이해를 도왔다. "방송리포트는 종합예술이고 하나의 프로그램이다. 방송기자는 단순히 기사만 작성하는 기자가 아니라 짧은 TV 프로그램을 제작하는 PD로서의 역할도 해야 한다"는 게 임 선배의 지론이었다.

선각자 임 선배의 지도 덕에 KBS 사회부 기자들의 방송 리포트는 질적으로 타사를 압도할 수 있었고, KBS 9시 뉴스는 대한민국을 대표하는 방송뉴스로 자리잡을 수 있었다.

KBS뉴스를 빛낸 사람들

부드러운 리더십을 가진 유○○ 차장과 때로는 불독 같은 리더십으로 때로는 아버지 같은 따뜻한 리더십으로 외풍을 막아주셨던 故 이○○ 부장도 KBS 사회부 전성시대를 이끌어주셨던 훌륭한 선배들이셨다.

당시 함께 사회부에서 일했던 다른 모든 동료와 선후배들에게도 많은 고마움을 느낀다. 그들과 함께 할 수 있어서 행복했다.

역사상 어느 해보다도 큰 사건 사고가 많이 일어났던 1994년, 그해에 사회부 기자로 현장을 누빌 수 있었던 건 기자로서 엄청난 행운이었다고 생각한다.

그해의 모든 일들을 이 책에 다 담을 수는 없었지만, 내 취재 파일

KBS勞報

1994년 맹활약했던 사회부 기자들의 사진을 1면에 실었던 1995년 KBS노보 신년호
(왼쪽에서 두 번째 인물이 필자)

"94년이 KBS에서 기억될만한 한해로 각인된다면 그것은
'뉴스에서의 대약진'이었다고 감히 말하는데 주저할 사람은 없다.
KBS뉴스의 대약진 원인을 굳이 밝히라면 몇가지 요인이 있다.
무엇보다도 우선적으로 꼽을 수 있는 요인은
보도본부에서 열심히 일해온 기자들의 노력이다.
YTN과 지역민방 등에 많은 인원을 빼앗기고도
KBS의 발전을 나의 발전으로 생각하고 땀흘려 온 댓가가
'국민의 신뢰'로 나타난 결과라고 생각한다.
특히 사회부 기자들의 밤낮을 잊은 취재태도는 기자(記者)는
결코 기자(棄者)일 수 없음을 입증해 주었다."

– KBS노동조합 신문 1995년 1월 1일 신년호에서 –

에 있었던 내용들을 중심으로 독자들에게 당시 시대상이 어떠했고, 어떤 일들이 있었는지 어느 정도는 소개할 수 있었던 것 같다.
방송기자를 꿈꾸는 젊은 독자들에게는 방송 취재 현장의 분위기를 다소나마 느낄 수 있는 기회가 됐기를 바란다.

1994년의
아픔과 경험 되새기길...

1994년은 대한민국이 선진국 문턱에 서서 엄청난 성장통을 겪었던 한해였다.
사회 모든 분야에서 급속한 변화가 진행되고 있었지만, 인식과 제도, 관행은 변화의 속도를 따라가지 못해 대형 사건사고가 속출하고 피해가 눈덩이처럼 쌓였다.
이러한 모순을 해결하지 못한 대한민국은 결국 3년 뒤 IMF로부터 구제금융을 받는 신세로 전락했다.
30년 가까이 지난 지금의 대한민국도 디지털 혁명이 급속히 진행되고 있는 가운데, 변화의 속도를 따라가지 못하는 분야들을 중심으로 사회적 혼란이 이어지고 있다.
대한민국이 1994년의 아픔과 경험들을 되새기면서 인식과 관행, 제도를 잘 바꿔 디지털 과도기를 잘 극복하고, 한 단계 더 도약하게 되길 진심으로 기원한다.

1994년 주요 일지

1월

7일	대구 달성공단에서 암모니아성 폐수 낙동강 칠서 정수장 유입
	경남 마산과 창원 등 수돗물 악취 피해 발생
8일	한양대 투수 박찬호, 미국 프로야구팀 LA다저스 입단 합의
18일	김영삼 대통령, 낙동강 수질오염사고 공식 사과
	2002 월드컵 유치위원회 공식 출범
21일	북한 외교부, IAEA 전면 핵사찰 거부 발표
24일	경기도 시화방조제 최종 물막이공사 완료

2월

1일	우루과이라운드 국회 비준 거부 요구 '전국농민대회' 개최
4일	미국-베트남 연락사무소 설치
12일	릴리함메르 동계올림픽 개막
14일	감사원, '1994 부실공사 방지 원년' 선포
15일	북한, IAEA와 7개 핵시설 사찰 합의
23일	김기훈, 동계올림픽 남자 천미터 쇼트트랙 금메달 획득
	김소희 등 여자 쇼트트랙 3천 미터 계주 금메달 획득

3월

1일	IAEA 사찰단 평양 도착
3일	조근해 공군참모총장 부부 헬기 추락사고로 사망
7일	공군사관학교, 1995년부터 여자 생도 모집 결정
8일	대법원, 생수 판매 금지 조치에 대해 무효로 판결
9일	국방부, 공군 율곡사업 특감 결과 발표
10일	서울 종로5가 지하공동구 화재…온라인 통신망 두절
15일	서울 상문고 교사 36명 재단 비리 알리며 양심선언
16일	보사부, 생수 국내 판매 공식 허용
19일	남북특사 교환 위한 7차 실무접촉에서 박영수 북측 대표 '서울 불바다' 위협
	검찰, 상춘식 상문고 교장 성적조작과 공금횡령 혐의로 구속
29일	조계종 총무원장 연임 둘러싼 갈등 속 조계사 경내서 폭력사태 발생

4월

13일	서의현 조계종 총무원장 사퇴
14일	서울시교육청, 상문고에 관선이사 파견
16일	정부, 하나회 출신 장성 8명 보직해임
18일	서울민사지법, '우조교 성희롱 사건' 손배 소송에서 "지도교수가 배상하라" 판결
22일	김영삼 대통령, 이회창 총리 해임
30일	북한 사회안전부 여만철씨 가족 5명 귀순

1994년 주요 일지

5월

3일	정주영 현대그룹 명예회장 경영일선 퇴진 발표
13일	5.18 유관단체, 전두환·노태우 전 대통령 등 내란 등 혐의로 고소 고발
19일	한약상 박순태 씨 부부 자택에서 숨진 채 발견
26일	한약상 부부 살해 사건, 아들 박한상 범행일체 자백 후 구속수감

6월

1일	김영삼-옐친, 러시아의 대 북한 무기판매 중단 발표
13일	북한, IAEA 탈퇴 성명 발표
	지미 카터 전 미국 대통령 방한
14일	한국고속철도건설공단, 프랑스 알스톰사와 경부고속철도 차량도입 계약 체결
15일	카터 전 미국 대통령, 북한 방문
17일	김영삼 대통령, 카터 전 대통령이 전달한 김일성의 남북정상회담 제의 수용
	남총련 대학생, 'UR 비준 저지 대회' 참석 위해 열차 강제 정차 후 탑승 강행
	미국 월드컵 개막...한국팀, 본선 1차전서 스페인과 2-2로 비겨
28일	남북, 정상회담 7월 25일 평양 개최 합의
	통신비밀보호법 시행

7월

8일	북한 김일성 주석 사망
9일	북, 김일성 사망 공식 발표
18일	서강대 박홍 총장, "북한 지령 받는 주사파 학생 있다" 발언
24일	서울 낮 최고기온 관측 이후 가장 높은 섭씨 38.4도 기록
27일	강성산 북한 총리의 사위 강명도 귀순 기자회견

8월

1일	한국, 세계청소년야구선수권대회 결승에서 쿠바 꺾고 우승
2일	4개 지역 재보궐 선거에서 여당인 민자당 참패
5일	미북, 핵 관련 3단계 고위급회담 1차 회의 스위스 제네바에서 열려
10일	대한항공기 제주공항서 착륙 중 활주로 이탈 후 화재...승객과 승무원은 모두 탈출
19일	당정, 대한뉴스 폐지 결정
23일	교육부, 국민교육헌장 교과서 삭제 결정
29일	삼성전자, 세계 최초로 256Mb D램 개발

1994년 주요 일지

9월

11일	인천 북구청 세금 횡령 사건, 언론 보도로 알려져
17일	이광전 전 인천 북구청장 뇌물수수 혐의 구속
	경부고속도로 버스전용차로제 첫 도입
19일	지존파 조직원 5명 구속
	최기선 인천시장, 북구청 세금 비리 책임지고 사퇴

10월

1일	KBS, 1TV 광고방송 폐지하고 수신료 한전에 위탁징수
2일	히로시마 아시안게임 개막
6일	강원도 태백시 장성광업소 막장 유독가스 분출 광부 10명 사망
7일	서울 양평동 프라이스클럽 1호점 오픈
8일	박경리 작가의 대하소설 토지 25년만에 완간
9일	황영조, 히로시마 아시안게임 마라톤 금메달 획득
16일	히로시마 아시안게임 폐막... 한국, 종합 3위
21일	서울 한강 성수대교 상판 일부 붕괴...32명 사망 17명 부상
	김영삼 대통령, 이원종 서울시장 경질
	미-북, 북핵 해결을 위한 제네바기본합의서 공식 서명
24일	충북 충주호에서 유람선에 화재...29명 사망 · 실종
	6.25 당시 북한에 끌려간 국군포로 조창호 소위 북한 탈출해 귀환
29일	인천 영종도 신공항 부지 물막이공사 완료

11월

8일	경찰청 광역수사단 발족
2일	김영삼 대통령, 신임 서울시장에 최병렬 임명
9일	서울 강남구 일원동 삼성서울병원 개원
20일	서울 남산 외인아파트 폭파 해체
21일	경기도 부천시 세무공무원 세금 22억 횡령 사건 언론 보도
27일	서울 여의도 라이프빌딩 폭파 해체
29일	서울 남산공원에 '서울 1000년 타임캡슐' 매설

12월

7일	서울 아현동 도시가스 지하저장탱크 폭발 4명 사망, 9명 실종, 65명 부상

KBS 최재현 기자가 생생하게 되살려낸 취재비화

취재파일 1994

초판 인쇄 2022년 12월 5일
초판 발행 2022년 12월 5일

지은이 최재현
펴낸이 최경숙
펴낸 곳 가온미디어(주)
출판등록 2007년 9월 13일(제16-4281호)
주소 서울 종로구 삼봉로 81, 717호(수송동)
전화 02-543-3041
이메일 prchois@hanmail.net

ISBN 979-11-963670-3-9
값 17,000원

“이 책은 관훈클럽정신영기금의 도움을 받아 저술 출판되었습니다.”